普及版

戦争犯罪国は アメリカだった！

英国人ジャーナリストが 明かす東京裁判の虚妄

ヘンリー・S・ストークス　著
藤田裕行　訳

ハート出版

普及版刊行に寄せて

藤田　裕行（国際ジャーナリスト）

本書は、全ての日本人に読んでもらいたい。

いや、全ての日本人が、読むべき本であると、そう思った。

『戦争犯罪国はアメリカだった』という、親米派にはドッキリとするようなタイトルの本書は、発売されると瞬く間に一万、二万と刷られていった。

たちまち五万部近くを売り上げたのは、驚きだった。

本書は「歴史書」と言ってもいい。さっと読み流せるような本ではない。それにも関わらず多くの読者を惹きつけたのは、著者ヘンリー・ストークス氏の堂々たる立論があったからだ。

この度、本書が普及版として刊行されることになった。単行本として出版されてから四年半の時が流れたが、驚いたことに、本書は全く古くなっていない。

著者は、三島由紀夫と最も親しかった外国人ジャーナリストだ。令和二年十一月二十五日は、あの「市ヶ谷事件」から半世紀、ちょうど五十年という節目の日にあたる。そんな時に、単行本がより安価な形で、再び世に出ることは、不思議な思いを禁じ得ない。

著者は、東京裁判こそが戦争犯罪であると、喝破する。そして、その東京裁判が行われた場所こそが、なんと「市ヶ谷事件」の現場であった。

一般に、三島由紀夫は、「自衛隊の存在を違憲」と考え、憲法改正、さらには「国体」の護持を訴えて自決したとされている。しかし著者は、それ以上の意味を三島の自決につけ加えた。本書を虚心坦懐に読めば、著者の「仮説」が真相であったかのように思われてくる。

いわゆる「大航海時代」以降の世界は、白人列強が有色人種を「動物」のように使役し、搾取して栄華を極める時代だった。アジアでは、実質的に植民地となっていない国は、日本しかなかった。あとの全ての国は――列強のアジア争奪戦の緩衝地帯となっていたネパールとシャム（タイ）王国を例外として――白人列強の国々が宗主国となって植民地支配をされていた。

その中にあって日本は、生き残りを賭して戦っていた。「レイプ・オブ・江戸」と、そう著者は「黒船来航」を位置づける。

新大陸を「発見」した「清教徒」たちは、既にその地に住んでいた「インディアン」や「インディオ」たちを大虐殺し、その代わりにアフリカから「黒人」を輸入して使役した。

異教徒は、キリストの信者となるか、虐殺するかという「明白な使命（マニフェスト・デスティニー）」を掲げ、西へ西へと西部を開拓し、西海岸（ウエスト・コースト）にたどり着いた。その先には、ハワイをはじめとする太平洋の島々、そしてアジアがあった。アジアの手前に、防波堤のように存在していたのが、日本列島だった。

ペリーの来航は、平和的ではなかった。いわゆる砲艦外交。「開国しなければ、江戸を火の海にする」と恫喝した。

「江戸政府」の右往左往に、市中には「尊王攘夷」の嵐が吹き荒れた。ついに日本は明治維新を迎え、「鎖国」から「開国」へと舵を切った。

明治維新からの「富国強兵」政策は、侵略戦争の準備などではない。国家と民族の生存を賭した「生き残り戦略」だった。西欧列強の武力による植民地支配に打ち勝つには、日本も力をつけなくてはならなかった。

危機は、東や南からだけではなかった。

日本の西、支那大陸には、清国があった。アヘン戦争に敗れた清国は、欧州列強によって食い荒らされていた。その脅威を日本がまざまざと感じたのは、いわゆる「三国干渉」という白人帝国による侵略だった。日清戦争に勝利して日本が得たものを、ロシア、フランス、ドイツという白人国家が略奪した。三国を相手に戦えない日本は、「臥薪嘗胆」—

――耐え忍ぶしかなかった。

日本の北からは、白人帝国ロシアの南下が迫っていた。日露戦争は、朝鮮半島の北に位置する満洲が主な戦場だった。

日本が「白人帝国ロシア」との戦いに勝ったことは、全世界の有色人種の希望となった。有色人種の国家が、初めて白人国家を打ち負かしたのだ。強くなければ、やられてしまう。そういう時代背景の中で、日本は白人と唯一対峙できる国家として台頭してゆくのだった。

第一次世界大戦では、日本は戦勝国となった。わずかではあったが対ドイツ戦に日本は派兵していた。いよいよ白人と対等な立場に至った日本は、ベルサイユ講和会議で「人種差別撤廃」の提案を行った。多数決では、十一対五で日本の提案は可決されたが、アメリカのウィルソン大統領は、「このように重要な決議は、全会一致であるべきだ」と、「人種差別を撤廃しよう」という日本提案を葬り去ったのだ。

アジアの利権を得たいアメリカだったが、建国してから歴史の浅いアメリカは、欧州列強に比べ支那大陸の進出に出遅れていた。そこで、目障りなのが日本だった。

アメリカは、支那で台頭してきた蔣介石の中華民国政府と手を結び、「純朴な支那人を搾取する邪悪な日本人」というネガティブキャンペーンを始める。「対日移民法」によってアメリカの日本移民を縛り上げ、ついには禁油にまで及ぶ。当時の日本は、石油輸入の六割をアメリカに依存していた。それが断たれた。さらにアメリカは、国務長官のコーデル・ハルが「最後通牒」によって、日本が明治以来、支那や満洲で得てきた権益を全て放棄して完全に撤退することを求めてきた。

対米交渉では、日本はギリギリまで戦争の回避を模索していたが、この「ハル・ノート」によって、開戦を決断する。イギリスのチャーチル首相は、欧州戦へのアメリカの派兵を求めていたが、ルーズベルトは「派兵しない」ことを公約にしていた。そこで日本を開戦に持ち込もうと、絶対に日本が受け入れられない「和平提案」を突きつけたのだった。これが「ハル・ノート」だった。

日本は、追い詰められて開戦を余儀なくされた。それは「侵略戦争」などではなく、自衛戦争だった。それと同時に、アジアを植民地支配している白人列強と、「アジアの解放」の為に戦ったのだった。日本は、アジアを侵略したのでも、アジア人と戦ったのでもない。日本がアジアに進攻して戦ったのは、アジアを侵略していた宗主国の白人列強とだった。

今日の日本では、先の戦争は「太平洋戦争」と呼ばれている。しかし、日本で閣議決定された正式な戦争名は「大東亜戦争」だった。そこには白人列強からアジア諸国を解放するという意味が込められていた。

実際に、昭和十八（一九四三）年十一月五日から、大東亜会議が東京で開催された。世界史で初めての有色人国家によるサミット（首脳会議）だった。著者は講演がある度に、英語で次のように語っている。

「東條首相、満洲国の張景恵国務総理、中国南京政権の汪兆銘行政院長、フィリピンのラウレル大統領、ビルマのバー・モウ首相、タイのピブン首相代理であるワイワイタヤコーン殿下といった各国首脳が一堂に会し、ボースはインド仮政府代表としてオブザーバー参加をしました。

今日、日本の多くの学者が大東亜会議は日本軍部が『占領地の傀儡』を集めて国内向け宣伝のために行ったと唱えています。しかし、そのようなことを言う日本人こそ、日本の魂を売る外国の傀儡というべきです。

会議では大東亜共同宣言が満場一致で採択されました。ボースは『この宣言がアジア諸国民のみならず、全世界の被抑圧民族のための憲章となることを願う』と訴えました。

ボースは、日本は『全世界の有色民族の希望の光だ』と宣言しました」

日本軍がアジアに進攻し、アジアを支配していた欧米の軍隊を駆逐した。これによって、アジア諸民族の中に独立の機運が高まり、実際にアジア諸国が次々と独立を果たしたのだ。

白人による有色人種の植民地支配という「世界秩序」を終焉に向かわせたのは、大東亜戦争であった。

しかし、マッカーサーが違法な「裁判所条例」によって開催した極東国際軍事法廷（東京裁判）は、日本を侵略国家として断罪し、東條英機陸軍大将をはじめ七人を、いわゆる「A級戦犯」として絞首刑に処した。

この東京裁判について、著者は厳しく批判する。著者の主張するところを、列挙してみよう。

・日本は東京裁判を受け入れたのではない。
・東京裁判は、違法裁判であり無効。被告は全員無罪。
・ウェッブ裁判長は、検察官だったし、国際裁判の裁判長をするだけの資格がない。
・東京裁判は、行政処分をする役所だった。
・「事後法」によって、戦争犯罪人を作り出した。
・捕虜の不当処刑は、国際法違反の戦争犯罪。

などといった観点だが、示唆に富む。

東京裁判の判事は、全員が戦勝国の出身だった。これでは正に「勝者の裁き」で、不当な「復讐裁判」だったと言えよう。そうした中にあっても、国際法の唯一の専門家であったインドのパル判事は、裁判の不当性を訴え、全ての被告の無罪を主張した。

東京裁判は占領下で行われた。目的は、アメリカなど連合国の戦勝国史観を宣伝すること、日本人に贖罪意識を植え付け、二度とアメリカに歯向かおうなどという気持ちを持たないように日本人を骨抜きにすることだった。日本国憲法は英文で書かれたが、まるで「属国条約」である。日本の宗主国はアメリカだという「証文」である。日本人は、その生命を「平和を愛する諸国民の正義」に委ねると宣言させた。自分の国を自分で守らずに、他国に守ってもらおうというのでは、独立主権国家ではない。

アメリカ軍に国の防衛を依存している限り、日本は永久に国家として自立できない。

著者は、三島由紀夫が五十年前に、東京裁判が行われたその場所で自決をして訴えたのは、その日本の独立の精神を復活させるためであったと論じている。

奇しくも先日、「戦後政治の総決算」を訴えた中曽根康弘大勲位が逝去された。「憲法改正」を訴え、歴代首相の中で最長の在任期間を誇った安倍晋三首相も退陣した。

改めて本書を読むことで、敗戦によって失われてきた日本のあるべき姿を取り戻したいものである。その意味で、本書が普及版として刊行され、さらに多くの、否、日本の全ての国民に読んで頂ける一助となることは、著者にとっても至上の喜びとなることであろう。

令和二年十月十九日

序章　東京裁判こそ戦争犯罪だった

私は市ヶ谷防衛省内にあるかつて東京裁判が行われた講堂を、何度も訪れたことがある。戦勝国が一方的に敗戦国を裁くことは許されない。戦勝国が敗戦国を裁いて、戦争犯罪人として一方の将兵のみを処刑するのは復讐だ。

昭和二十年八月十五日は、停戦の日だ。それから九月二日に降伏文書の調印式が、戦艦ミズーリ号の艦上で行われ、日本の占領が始まった。

占領期間は、戦争中である。日本は、主権を持っていなかった。

その中で、戦時捕虜にあたる東條英機をはじめとするいわゆる「A級戦犯」を、不当な裁判にかけ、絞首刑で殺した。これはリンチであり、捕虜殺害というれっきとした戦時国際法違反である。処刑それ自体が戦争犯罪だった。

東京裁判を覆った空気について、多くの関係者から聞いたことがある。法廷の空気はとても邪悪《イーヴィル》で、毒気《ポイズン・イン・ジ・エアー》が漂っていた。卑劣さ《ナスティーネス》が渦巻き、検察側には、悪意《ヴィシャス》が感じられた。このため法廷には、恐ろしい《ホリファイイング》気配が充満していた。東京裁判は、数年に及んだ。その全てが不法だった。

私が五〇年余を過ごした日本外国特派員協会は、今は丸の内二重橋ビル内にあるが、そのほど近くに第一生命ビルがある。マッカーサーは皇居を見下ろすこの建物に、総司令部を構えた。マッカーサーは全てを、まるでドラマの場面のように演じた。自尊心の自家中毒によって、病んでいた人間だった。この総司令部もマッカーサーの演出に一役買っていた。

ドイツのニュルンベルグ裁判はイギリスが主導した。そのために、アメリカには出番がなかった。マッカーサーは、日本人への復讐や、アジアへの見せしめに加えて、世界へアメリカの正義を発信しようと東京裁判という芝居を上演したのだ。

日本外国特派員協会は、マッカーサーの日本占領と同時に設立された。理由は、アメリカによる日本占領が、いかに正しく、人道的であり、歴史の偉業であるか、全世界へ報道させるためだった。日本外国特派員協会の会旗《バナー》にも、「一九四五年設立」と占領の年が、誇らしげに刻まれている。いわば日本占領の、もっといえば、東京裁判史観を世界中に撒き散らした総本山が、日本外国特派員協会と言ってもいい。マッカーサーは、メディアの力をいっぱいに活用して、自らのエゴを美しく飾り立てた。

連合国占領軍総司令部という公的な組織のような名称を冠しているが、GHQはマッカーサー一人のものだった。マッカーサーの意志が全てだった。だからそこには、マッカーサーのエゴが、見てくれの演出を好む、映画プロデューサーのような、ナルシストの性格が露わに映し出されていた。

もう十年近く、私は黒船来航で知られるマシュー・ペリーについて研究してきた。その過程でGHQのマッカーサーについても比較対象のために調査《リサーチ》を重ねた。その研究の一部は、外交評論家の加瀬英明氏との共著『なぜアメリカは対日戦争を仕掛けたのか』（祥伝社新書）で紹介しているので、そちらも合わせて読んでいただきたいが、ペリーもマッカーサーも、自己中心的で、自己顕示欲が過剰な、自分のパフォーマンスを何よりも最優先して考える人間だった。日本の占領政策も、東京裁判も、マッカーサーの内面が、具体的な日本占領になって露出した姿そのものだ。その傲慢さと不実は、唾棄すべきものがある。

マッカーサーは、日本の「将軍《ショーグン》」を気取っていた。しかも実際の将軍と異なり、その権限はまさに「全能《オールマイティ》」で、神のようであった。神の御業の地上代行者と過信して、天皇も含めて、全ての被造物をまるで創造主であるかのように、国際法も一切遵守することもなく占領政策を策定し、推進した。

自ら全世界に向けて、アメリカの正義がどのようなものかを、発信しようとした。未開の人々に、文明とはどのようなものか、正義とはどのようなものか、全てのことはどのように解釈され、判断されるべきなのか、その基準をパフォーマンスとして、演出した。おぞましい矛盾だ。正義を貫くというパフォーマンスに、正義の欠片もなかった。結果的に、まったく正義と公正を欠いたものとなった。文明も、正義も、公正も全て、アメリカが美徳と誇り掲げるものが、日本の占領には存在しなかった。

東京裁判は、アメリカが代表する文明や、正義、公正という美徳を信じた日本人の多くを失望させ、アメリカへの不信を深めさせた。

占領中にアメリカがしたことは悪だった。おぞましい復讐であり、リンチであった。完璧な欺瞞、ナンセンスだけがそこに残された。

マッカーサーは、白人の優越《ホワイト・スプリーマシー》を示そうと意図した。古くはプラトンやソクラテスの活躍したギリシャ文明にまで遡る西洋の文化や文明、伝統と理想の優越を、小さな黄色い種族による未開で、野蛮な社会に見せつけようと試みた。文明の正義とはどのようなものか、思い知らせてやろうと思った。白人の西洋世界における規範とはどのようなものかを、法の支配とはどのようなものかを、未開な民族に教え込もうとした。

日本国民全員が、東京裁判の被告だった。その文明の崇高なる叡智を、ただただ素直に、無批判に受け入れれば良かったのだ。これが、マッカーサーの傲慢で、高飛車な姿勢だった。

今日、日本の大新聞、文部科学省、文化人をはじめ多くの日本国民が、東京裁判史観を信じている。今日の日本は、いまだにマッカーサーの呪縛の渦中にある。

裁かれるべきは、戦勝国側だった。そして公正という、アメリカが高らかに掲げてきた美徳を、規範を、原則を葬り去って、裁判という名に値しない茶番劇を続けた。フェア・プレーの精神を地に貶めて、欺瞞を貫いた。それが東京裁判だった。

西洋文明が為したことは、結果的に非文明の所作であり、正義《ジャスティス》の基準は、全く実践されなかった。悲しいこと《ピティー》であり、また邪悪《イーヴィル》なことでもあった。

ウェッブ裁判長は、オーストラリアへ戻って退居した後に、「あの裁判は、誤っていた」と、語っている。

今年は、市ヶ谷で極東国際軍事法廷が開廷してから七十四年、三島由紀夫の自決から半世紀という節目の年にあたる。

私は、日本国民が、東京裁判の虚妄に目覚め、史実と正義の声を上げてくれることに、期待している。日本人が、そう思わないことには、日本の名誉が回復されることはない。

二〇二〇年一〇月

ヘンリー・スコット＝ストークス

目次

第一章　極東国際軍事裁判研究プロジェクト

講演『東京裁判の虚妄とジャーナリズム』

二〇一七（平成二十九）年、国士館大学は創立一〇〇周年を迎えた。その記念事業の一環として、法学部が『極東国際軍事裁判研究プロジェクト』を立ち上げた。その第二回「東京裁判」研究会は、二〇一五（平成二十七）年十一月十四日に、産経新聞ロンドン支局長の岡部伸氏を講師に招いて行われた。論題は、「ノーマンと『戦後レジーム』——近代日本を暗黒に染め上げた黒幕——」だった。

岡部氏は、産経新聞『肖像画』コラムで、私を取り上げてくれた。拙宅に五度もお越し頂き、取材をして下さった。その岡部氏の紹介で、なんと第三回研究会の講師を私が務めさせて頂くことになった。

実は私は、数年前から病を患って、体に不自由がある。顔をあげることが難しく、背も丸まってしまった。耳が聞こえず、手も震える。

著述は、翻訳者の藤田裕行氏の協力で、口述と、英文資料の編集、構成でなんとかなるが、はたして聴衆の前に立って講演ができるものか、躊躇もあった。

しかし幸い、話すことはできる。東京裁判、南京事件、慰安婦問題と訴えてゆきたいことは山ほどある。体力があるうちに語っておくべきだと、演壇に立つことを決意した。

九十分間休憩なしで、英語演説を行った。東京裁判の話を英語でしているのに、日本人の聴衆が、一人も居眠りをすることもなく、真剣に、集中して私の話を聞いてくれた。

私が、どのようなことを話したのか。興味がある方もいらっしゃるだろう。英語講演の和訳を、そのまま掲載させて頂くので、私の信念を、感じ取って欲しい。

《歴史のターニングポイント》

皆様、こんにちは。ヘンリー・ストークスです。

本日は皆様の前で、お話しする機会を頂き光栄です。

この第三回「東京裁判」研究会は、国士舘大学一〇〇周年を記念して実施される「極東国際軍事裁判研究プロジェクト」の一環として、本日開催されております。このような歴史的で、意義深い瞬間を皆様と共にできることを、たいへん光栄に存じます。

私はジャーナリストです。法律家でも、歴史学の教授でも、東京裁判の専門家でもありません。しかし、私は日本を愛しております。日本の歴史、伝統、文化は、世界に比類なき素晴らしいものです。日本の文化は、世界一だと信じています。

私は一九六四年に、日本にやって来ました。当時、世界一の経済紙だった『フィナンシャル・タイムズ』を、日本にもって来たのです。その後、世界一の新聞である英国の『タイムズ』紙の東京支局長になりました。三島由紀夫さんをインタビューし、友人となったのは、その頃のことです。その後、さらに『ニューヨーク・タイムズ』の東京支局長に就任しました。

二年前、私は『英国人記者が見た連合国戦勝史観の虚妄』(祥伝社新書)という本を上梓し、一〇万部を超えるベストセラーとなりました。その本で述べましたが、私はそれまでいわゆる「南京大虐殺」を史実と思っていました。私だけではありません。私以外の、ほとんど全ての世界のジャーナリストが、そう思っています。ヒットラーのホロコースト(ガス室でのユダヤ人大虐殺)が世界の史実であったのと同じように、いわゆる「南京大虐殺」も、世界中で史実とされています。南京大虐殺がなかったと言った瞬間に、その人はまともに話をすることができない相手——常識のまったくない人——と見做されてしまいます。「ホロコーストはなかった」と言っているのと同列に見做されてしまうのです。

しかし、いま、私は、いわゆる「南京大虐殺」はなかった、と思っています。

いわゆる「南京大虐殺」は、蔣介石の国民党政府によるプロパガンダでした。連合国軍総司令部（ＧＨＱ）、つまりマッカーサーが、東京大空襲や広島・長崎の原爆投下というアメリカの戦争犯罪を糊塗するために、東京裁判で利用したにすぎないのです。

二〇一六（平成二十八）年の四月二十九日は、東京裁判の起訴状が手交されてから、ちょうど七十年の節目にあたります。その日は、「昭和の日」の祝日にあたります。昭和天皇の天長節（天皇誕生日）です。これは、偶然なのでしょうか？　絶対に、そうではありません。意図的に、仕組まれたことです。ＧＨＱは、昭和天皇の天長節を、東京裁判開始の日に、あえて指定したのでした。

二〇一六（平成二十八）年は、中国が第二次世界大戦の戦勝国のひとつとして、東京裁判の七十周年を確実に利用してくるでしょう。共産主義の中華人民共和国は、第二次世界大戦が終結した四年後の一九四九（昭和二十四）年に建国されました。それにもかかわらず、厚顔な中国共産党は「日本は、アジアに対して侵略戦争を起こし、南京大虐殺という残虐な戦争犯罪を犯した」とのプロパガンダを、大々的に繰り広げるでしょう。

私は、今こそ南京大虐殺のプロパガンダに、逆に反論をする千載一遇のチャンスだと思っています。東京裁判についても、テレビや雑誌で特集が組まれるでしょう。このチャンスを活用し、日本国民にも、世界の人々に対しても、東京裁判の不当性と、いわゆる南京大虐殺が史実ではないことを訴えてゆくべきです。私も、ジャーナリストとして、皆さんと共に、一九三七（昭和十二）年の南京戦、一九四一（昭和十六）年十二月八日から一九四五（昭和二十）年八月十五日にいたるアジアと太平洋戦域での日本の戦争について、真実の歴史を世界に訴えてゆきたいと思っています。

《東京裁判の虚妄とジャーナリズム》

今日のテーマは、『東京裁判の虚妄とジャーナリズム』です。これは、私が話すべきテーマだと思っています。私はジャーナリストであり、外国特派員だからです。私は、もう五十年以上も、世界の主要メディアの東京特派員を務めてきました。いまでは、日本外国特派員協会の最古参のジャーナリストのひとりとなってしまいました。

七十年前に、東京裁判を世界に報道する重要な役割を果たしたのが、当時は「東京特派員倶楽部」と呼ばれた日本外国特派員協会でした。

日本と日本人の邪悪なイメージは、記者《プレス》クラブの私の先輩たちが拡散したものです。いわゆる「南京大虐殺」を世界に報じたのも、外国特派員でした。もしその報道が不正確だったり誤報であったなら、ジャーナリストとして、また外国特派員として、それを正すのが私の義務です。連合国が戦った戦争を、当時の東京特派員たちが、大義のある「正義の戦争」だと報道しました。東京特派員たちは、野蛮な社会だった日本に文明と民主主義をもたらしたアメリカの偉大さを、報じました。東京特派員たちは誇りをもって、正義の法廷が正しい判決を、東條英機をはじめとする邪悪で、悪魔のような日本人の「A級戦犯」に対して下したと、報道したのです。そうした虚妄を報じたのは、他ならぬ東京特派員倶楽部のジャーナリストたちでした。

戦時中の日本、東京裁判、いわゆる「南京大虐殺」について、誰かがその歪曲された報道を正すべきなのです。特派員たちの報道は、戦時プロパガンダでした。真実は適切に伝えられ、世界に広められなければなりません。ジャーナリストとして、私は七十年前に東京特派員たちによって報道された誤りを正すことに誇りを感じます。連合国の戦勝史観の虚妄は打破されるべきです。

日本人は、東京裁判の冤罪を晴らし、日本人の名誉を回復し、真実を世界に伝えなければなりません。

《日本人の名誉回復のための二つのアプローチ》

日本人の名誉を回復するには、二つのアプローチが必要です。ひとつは、東京裁判そのものが間違っており、無効だということを証明することです。もうひとつは、裁判での容疑そのものが、虚妄に立脚していることを証明することです。

私は、何度も、東京裁判が行われた講堂を訪れたことがあります。東京裁判の行われた法廷は、市ヶ谷の防衛省内にあります。そこは、友人だった三島由紀夫が切腹をした場所でもありました。

そこで行われた裁判は、邪悪なものでした。犯罪行為でした。戦勝国が、一方的に敗戦国を裁くことは、許されません。戦勝国が敗戦国を裁いて、一方の将兵のみを戦争犯罪人として処刑することは、復讐であり、犯罪です。

東京裁判は数年に及びました。その全てが違法でした。東京裁判が、「裁判」の名に値しないことは、誰の目にも、明らかでした。東京裁判の誤りは、正されなければなりません。

東條英機を含む、いわゆるA級戦犯は、絞首刑に処せられました。日本が受け入れたのは、（単数ではなく、複数形の）「ジャジメンツ（判決）」でした。不当な東京裁判を、受け入れる必要はまったくないのです。東京裁判は、公式には極東国際軍事裁判所ＩＭＴＦＥと称されました。「裁判所」（法廷）という表現を使用していますが、「裁判所」などでは全くなく、でたらめで、偏向した、復讐劇でした。

《東京裁判を「司法殺人」と論じるオーストラリアの弁護士》

私の友人に、寺本不二子（テリー）さんという女性がいます。オーストラリアに住んでいます。テリーのオーストラリアの友人が、東京裁判について本を書いたと、教えてくれました。デール・スミスという方でした。デール・スミス氏は、オーストラリアのブリスベンで弁護士をしており、東京裁判の論文で博士号も取得された歴史学博士です。デール・スミス博士は、『司法殺人？』というタイトルの著書を出版されました。

サブタイトルは、『マッカーサーと東京戦争犯罪裁判』。東京裁判の無効性を訴える、五〇〇ページの大著です。

スミス博士は「マッカーサーの指令によって広田（弘毅元首相）を処刑したことは、司法殺人であるということができる」と訴えています。

スミス博士は、三十年以上にわたって東京裁判を研究してこられました。日本にも何度も来られ、国会図書館を訪ねて様々な資料をコピーされたりしました。五万ページに及ぶ東京裁判の法廷記録の全てに目を通されたというから、驚きです。藤田さんが『司法殺人？』の翻訳書を出版される計画というので、私があまり内容に立ち入ることはしません。しかしスミス博士が、東京裁判に至る歴史背景を述べている部分は、とても示唆に富みます。

《デール・スミス博士の語る東京裁判の背景》

スミス博士は、第一次世界大戦の後の一九一九年の状況から論じてゆきます。

「第一次世界大戦の戦勝国が、ヴェルサイユに集い、敗戦国の戦争犯罪と適切な刑の執行を議論する委員会を発足させました」

しかし戦勝国には、罪が問われることはありませんでした。一九一九年三月に、ヴェルサイユの調査委員会が提出した報告書には、「戦争の責任は、侵略政策を遂行するために開戦し、敗れた敵国に全面的にある」と、位置づけられていました。

委員会が困難な課題と考えたのは、ドイツ皇帝のウィルヘルム二世を有罪とするかどうかでした。委員会の多数は、独立国家の国家元首の無謬性（罪を問われない）という既存の概念に、反対の意向を示しました。しかしアメリカは、国家元首が責任を問われるという委員会の展開に、賛同しませんでした。アメリカは、「国家元首は、国内での責任にのみその有無を問われる」と反論しました。「そうでなければ、国家元首は、国内での責任の有無を問われる以外に、他国が管轄権を有する法廷で裁かれることになる」「それでは国家元首が、外国の司法制度に究極的に支配されることになり、それは、国家元首が自らの国法によって守られている権利を剥奪されることを意味する」「それでは、国家元首も、その国民も、忠誠を尽くしたり従ったりする必要のない外国の管轄権に従属することになり、独立主権国家存立の根幹を否定することになる」と、論じました。

アメリカは、「不作為の罪」という多数意見を、拒絶しました。「不作為の罪」とは、例えば、皇帝が、戦争法に違反する結果を招き得る指令を自ら発せずとも、部下が犯した戦争犯罪に対し、その戦争犯罪を防げなかった不作為に対して、その責任を負うというものです。

この「不作為の罪」に関するアメリカの姿勢は、太平洋戦争後には、一八〇度回転し、全く正反対となりました。

南京戦の司令官だった松井石根大将は、東京裁判の五十五の訴因の内の五十四の訴因で無罪でした。唯一つ有罪となったのが、この「不作為の罪」でした。それにより、松井大将は、絞首刑に処せられたのです。南京でのいわゆる「大虐殺」を制止するための行動をとらなかったという罪で、死刑に処せられたということです。実際には存在しなかった、いわゆる「南京大虐殺」を、防ぐために何もしなかったという理由で、松井大将は死刑に処せられたのでした。

何も起こらなかったことに対して、処刑をすることなどありえないのではないでしょうか？

《パリ不戦条約は機能不全に陥っていた》

一九二七（昭和二）年、アメリカのフランク・ケロッグ国務長官は、フランスの外務大臣アリスティード・ブリアンに対し、平和的手段による紛争解決を規定するための協議を提案し、各国の署名を求めました。パリ条約として、知られるものです。日本では、「不戦条約」或いは「ケロッグ・ブリアン条約」として知られています。公式には、「戦争放棄に関する一般条約」と呼ばれています。

一九二八（昭和三）年八月二十七日、パリ条約は調印されました。条約の条項や義務に違反しても、民事、刑事での制裁は、一切ありませんでした。それにも関わらず、条約の実効性を毀損するいくつかの重要な留保が、締結国によって付与されました。

アメリカは、条約はアメリカのモンロー主義（一八二三年にジェームス・モンロー大統領が教書で表明した孤立主義外交の原則で、アメリカはヨーロッパに干渉しない代わりに、ヨーロッパの西半球への植民や干渉に反対する）を、いかなる点に於いても侵害しないことを担保し、アメリカの権益確保に努めました。

イギリスは、大英帝国を防衛する権利を担保するために、自衛について、極めて広義の解釈を取りました。ソ連も同様の権利を、その戦略的な権益を守るために担保しました。

日本は、極東に有する影響力に関して、軍事力を行使して干渉する権利の維持に努めました。一九三二（昭和七）年に、日本はその影響力の範囲が満洲国をも包含すると宣言しました。結果的に、世界の大部分の地域は、この条約の影響下から除外されることとなりました。

『司法殺人？』で、デール・スミス博士は、こう述べています。「東郷茂徳は、東京裁判で、パリ条約に対する解釈を証拠として提出した。東郷は、（一九二八年に）在米日本大使館の一等書記官だった」「東郷は、パリ条約の経緯と解釈を熟知しているとして、『ケロッグ長官は、パリ条約（の戦争違法の概念）は、自衛戦争には当てはまらないと、説明している。自衛権については、条約の承認に先立って、各国から留保が付帯された。同様に、パリ条約が大東亜戦争にあてはまらないことは、自明である』と、論じた」

権威のあった『レヴー・ディプロマティーク』の中で、高名な日本の学者は「不戦条約（パリ条約の日本での呼称）は、自らの国益追求のために戦った国の戦争に、適用された事例がない」「自衛を目的とした戦争に、パリ条約は適用できない」と、論じていました。

《国際条約の背景に相反した東京裁判》

一九四六（昭和二十一）年四月二十九日の月曜日に、極東国際軍事裁判が始まりました（検察局より、起訴状が手交された）。東京裁判は、二十八名の被告を共同謀議、具体的には、平和に対する罪、人道に対する罪、そして国際法の戦争法規違犯と殺人の罪で起訴しました。

このことに対しデール・スミス博士は、「この起訴は、ヴェルサイユ条約、パリ条約などの重要な国際条約の背景と、相反するものだった」と、強調しています。

清瀬一郎は、被告弁護団の主任弁護人で、東條英機の弁護人を担当していました。

東京裁判の冒頭で、清瀬一郎弁護人はウィリアム・ウェッブ裁判長に、裁判を成立させる法的裏づけがまったくないと訴え、裁判所の管轄権を質問しました。これに対しウエッブ裁判長は、その質問には後で答えると言ったまま、ついに裁判の結審まで回答することはありませんでした。国際的に認められる正義の法廷として、東京裁判は、その法的正当性を有していませんでした。

平和に対する罪、人道に対する罪も、法的な正当性をまったく有していませんでした。いずれも国際法に存在しない犯罪でした。それを罪とすることは、『事後法』で犯罪責任を創りだすものでした。故に、平和に対する罪、人道に対する罪で起訴された被告は、全員がまぎれもなく無罪でした。

いったいぜんたい、どのような権限によって、違法な国際軍事裁判が行われるようになったのでしょうか？

デール・スミス博士は、一九四五（昭和二十）年九月十二日に、マッカーサーが、アメリカの統合参謀本部から指令を受けたと、著書に書いています。

「軍事法廷か裁判所で、裁判を遅滞なく進め、日本人の戦犯容疑者を処罰せよ」という指令でした。スミス博士は、一九四五（昭和二十）年九月十五日に、マッカーサーはアメリカ国務省と戦争犯罪委員会が準備した戦犯容疑者リストを統合参謀本部より受け取ったと、述べています。「マッカーサーは、アメリカ政府から東京裁判を実行するよう命令された」「戦犯容疑者の選出、認定、裁判に関する詳細な指令を、マッカーサーは、いかなる国際的な組織でもなく、アメリカ政府内の委員会から受け取っていた」「アメリカ政府の命令が、マッカーサーに裁判所を開廷させ、検察官を選定する権限を与えていた」と証拠に基づいて論じています。

これは勝者の裁きそのもので、公正な裁きの法廷などではまったくありません。東京裁判は、復讐劇以外の何ものでもなかったのです。極東国際軍事裁判は、無効だったと、日本人が世界に向けて宣言することが重要です。パール判事が訴えたように、裁判自体が違法なのだから、全ての被告は「無罪」なのです。

《史実を世界に発信することが重要》

ただ、裁判の無効を訴えるだけでは、日本の名誉を回復することはできません。確かに、裁判が無効であったことにより、被告は無罪となるでしょう。しかしそれは、容疑が歴史の事実ではなかったことは意味しません。ですから、日本の皆さんは、検察側が提示してきた容疑について、それが事実でなかったと、反駁する必要があるのです。

今日は、いわゆる「南京大虐殺」について、言及してゆきたいと思います。私の見解は、いわゆる「南京大虐殺」は、国民党によるプロパガンダで、それを東京裁判の検察側が利用したというものです。故に、裁判での起訴も誤ったものです。

日本外国特派員協会（FCCJ）では、そのときどきの話題の本の著者を招いて講演をしてもらっています。「ブック・ブレイク」とその催しは呼ばれています。いわゆる「南京大虐殺」については、立命館大学教授の北村稔氏を招いて、お話をしてもらいました。

北村教授は『「南京事件」の探求』（文春新書）を著し、二〇〇七（平成十九）年にはユニヴァーシティー・プレス・オブ・アメリカ社から英訳本を出版しました。

私は北村教授の講演を聞いて、「南京大虐殺事件」について、はじめて事実に目を開くことができました。それまでは、日本軍が南京で大虐殺を行ったという、アメリカやヨーロッパにおける通説を、信じ込んでいました。以来、私なりに時間を割いて、南京で実際に何があったのかを、調べました。

大新聞の記者や、大学教授や、外務省の幹部職員まで、多くの日本人が、「南京大虐殺」が実際にあったと、そう信じています。しかし私は、それが単なるプロパガンダであることを知りました。この報告は、いわば私の「南京大虐殺」論への反証であるといえるでしょう。

《「南京大虐殺」は中国のプロパガンダ》

私は歴史学者でも、南京問題の専門家でもありません。しかし私は、「南京大虐殺」というものが、情報戦争における中国版ＣＩＡによるプロパガンダであったと、確信を持って言えます。

国民党のインテリジェンスの戦術は、一九三八（昭和十三）年初頭にオーストラリア人のフリーランス・ジャーナリストであるハロルド・Ｊ・ティンパーリーを雇うことでした。ティンパーリーは、イギリスの日刊紙『マンチェスター・ガーディアン』の中国特派員として上海で取材をしていました。国民党によって提供された情報をもとに、ティンパーリーは、一冊の本を書くために雇われたのです。

その年の後半に、ニューヨークとロンドンで出版された彼の本は、『戦争とは何か――中国での日本のテロ』というタイトルがつけられた赤い色のハードカバーで、そこには「レフト・ブック・クラブ」「非売品」と書かれていました。

出版したのはヴィクター・ゴンザレス社で、北村教授の調査によると、「レフト・ブック・クラブ」は、一九三六（昭和十一）年に発足した左翼知識人団体で、その背後にはイギリス共産党やコミンテルンが存在し、その出版活動を支援していたということです。

この著作は当時、南京を占領した日本軍が行った「犯罪的な残虐行為」を「ジャーナリストが現地で目の当たりにした衝撃から書いた、客観的なルポ」として受け取られました。いまでは、国民党中央宣伝部という中国国民党政府の情報機関が、その内容に深く関与していたということが、明らかになっています。

さらに、ティンパーリーは、中国社会科学院の『近代来華外国人人名事典』にも登場しますが、それによれば、「盧溝橋事件後に、国民党政府により欧米に派遣され宣伝工作に従事、続いて国民党中央宣伝部顧問に就任した」と、書かれています。

また、国民党中央委員会出版部が、一九九六（平成八）年に台湾で出版した『中国国民党新聞政策之研究　一九二八―四五』には、「南京事件」という項目があり、次のような詳細な説明があります。

「日本軍の南京大虐殺の悪行が世界を震撼させた時に、国際宣伝処は直に当時南京にいた英国の『マンチェスター・ガーディアン』の記者ティンパーリーと、アメリカの教授のスマイスに宣伝刊行物『日軍暴行紀実』と『南京戦禍写真』を書いてもらった。両書は、一躍有名になった。このように中国人自身は顔を出さずに手当を支払う等の方法で、『我が抗戦の真相と政策を理解する国際友人に我々の代言人となってもらう』という婉曲的な宣伝手法で、それは、国際宣伝処が戦時に最も常用した技巧の一つであり効果が著しかった」

国民党の戦略は、蒋介石の部下の情報当局の誰の予想よりも功を奏しました。その効果は、いまも続いています。ティンパーリーの本によって世界中の人々は、一九三七（昭和十二）年の十二月に、中国で最も古い首都である南京を、皇軍が襲撃し、何週間にもわたって大虐殺を行い、都市を破壊したと、そう信じ込まされることになりました。

その主旨はハッキリしていました。日本人をこの創作物語の犯人に仕立て上げることでした。

《プロパガンダに協力した外国特派員》

北村教授は、国際宣伝処長の曽虚白が、ティンパーリーとの関係について、自叙伝で言及している事実も紹介しています。

「ティンパーリーは都合のよいことに、我々が上海で抗日国際宣伝を展開していた時に、上海の『抗戦委員会』に参加していた三人の重要人物のうちの一人であった。彼が（南京から）上海に到着すると、我々は直に彼と連絡をとった。そして彼に香港から飛行機で漢口（南京陥落後の国民党政府所在地）に来てもらい、直接に会って全てを相談した。我々は、目下の国際宣伝において、中国人は絶対に顔を出すべきではなく、我々の抗戦の真相と政策を理解する国際友人を捜して我々の代弁者になってもらわねばならないと決定した。ティンパーリーは理想的人選であった。かくして、我々は手始めに、金を使ってティンパーリー本人とティンパーリーを経由してスマイスに依頼して、日本軍の南京大虐殺の目撃記録として、二冊の本を書いてもらい、出版することにした」

このように、「南京大虐殺」を同時代の世界に発信した最も重要な英文資料は、中国版CIAによって、工作をされていました。

工作活動が大規模であったことも、曽虚白の説明で裏付けることができます。

「我々はティンパーリーと相談して、彼に国際宣伝処のアメリカでの陰の宣伝責任者になってもらった。ティンパーリーと我々は、トランスパシフィック・ニュースサービスの名のもとに、アメリカでニュースを流すことを決定した。同時に、アール・リーフがニューヨークの事務を、ヘンリー・エヴァンスがシカゴの事務を、そしてマルコム・ロシュルトがサンフランシスコの事務を仕切ることになった。これらの人々は、みな経験を有するアメリカの記者であった」

曽虚白は、アメリカに宣伝の拠点をおきましたが、トランスパシフィック・ニュースサービス駐在事務所の名で、ロンドンでも宣伝活動を組織的に実行しました。

つまり初めから、「南京大虐殺」は、中国国民党政府によるプロパガンダだったのです。

ティンパーリーは、中国国民党政府の工作員さながらの活動を展開しました。

北村教授の『「南京事件」の探求』は、2つのポイントを指摘しています。

（一）さまざまな西洋人が中国版CIAと深く関わっていた。

（二）中国のプロパガンダ組織は、その活動を通して、西洋人を利用できると自信を深めていた。

ティンパーリーが中国の情報機関から金を貰っていたことは間違いありません。しかし、いったいどのくらい貰っていたのかは、明らかになっていません。

北村教授の本によると、南京で三〇万人の民間人が虐殺されたと世界へと発信したのもティンパーリーでした。この数字は、どこからきたのでしょうか。一九三八（昭和十三）年初頭の段階では、中国の情報機関は十分に整備されていませんでした。ティンパーリーの働きは絶大で、中国の情報機関も驚愕し、味を占めたことでしょう。日本人は野蛮な民族だと宣伝することに成功し、中国人は天使であるかのように位置づけられました。プロパガンダは、大成功でした。

《「連合国戦勝史観の虚妄」を打破せよ》

先に申し上げた『英国人記者が見た連合国戦勝史観の虚妄』というタイトルの本を出版

したのは、それが私が果たすべき役割だと感じたからです。

東京裁判も、いわゆる「南京大虐殺」も、外国特派員によって世界に報じられました。連合国によって示された歴史認識の虚妄のために、日本は外国メディアやこのところの韓国や中国によるプロパガンダによってネガティブなイメージを構築され、被害にあってきました。

日本外国特派員協会の最古参のメンバーのひとりとして、私は全力で、日本人に張りつけられた不当なレッテルやイメージを払拭しなければならないと感じています。ご覧の通り、体調は万全とは言えません。体に不自由があります。しかし、日本と日本人の真実、その史実とすばらしい文化を世界へと伝えるために、できることは全てやる決意でいます。

本日ここにお集まりの皆様が、立ち上がって、訴えて下さることに期待しています。

日本の史実と文化のすばらしさに、世界を目覚めさせようではありませんか。来る年が、皆様にとって最も実りの多き年となりますことを、お祈り申し上げます。

（「比較法制研究」第38号、２０１５年12月20日発行）

第二章　三島由紀夫の『市ヶ谷事件』

なぜ三島はあのような事件を起こしたのか？

極東国際軍事裁判が行われた場所は、いま「市ヶ谷記念館」と呼ばれている。いったい何を記念するというのだろうか。

その建物は、一九三四（昭和九）年に陸軍士官学校大講堂として建てられた。終戦でGHQに接収され、東京裁判の法廷として使われた。日本に返還されてからは、陸上自衛隊の東部方面総監部となり、防衛庁が六本木から移転する二年前に、市谷駐屯地内で移設、縮小保存され、現在に至っている。

翻訳者の藤田裕行氏と私は、『英国人記者が見た連合国戦勝史観の虚妄』を出版する前に、取材を兼ねて訪れた。

二〇一六（平成二十八）年は、年初から北朝鮮が「水爆」実験を実施し、さらに宇宙空間に弾道ミサイルを発射することに成功した。ミサイル発射に先立って、市ヶ谷の防衛省敷地内には、ＰＡＣ３（パトリオットミサイル）が配備され、万が一に備え、防衛大臣からは「破壊措置命令」が出された。

私と藤田氏が、市ヶ谷の防衛省を訪ねた二〇一三（平成二十五）年も、北朝鮮がミサイル発射をするとかで、ＰＡＣ３が配備されていた。その姿を横目に見ながら、私たち二人は「市ヶ谷記念館」へと向かった。

久々に建物の前に立って、ふっと、当時のことが記憶によみがえってきた。そこで、拙著『三島由紀夫　生と死』（清流出版）を参照しながら、当時のことを振り返ってみたい。最近の若い人たちは、三島由紀夫の『市ヶ谷事件』すら知らない人が多いだろう。本書で当時の状況を「再現」してみるのも、意義のあることではないかと思う。

一九七〇（昭和四十五）年、十一月二十五日。

私は、その日はマニラに向かう予定だった。ところが台風で、フライトがキャンセルになり、仕方なく家にいた。台風がスモッグで汚れているはずの東京の空気を、祓い清めてしまったのか、その日は裏腹に晴天となった。

午前中は、原稿を書いて過ごした。

正午すこし前のことだった。『シカゴ・トリビューン』紙のサム・ジェームソン記者が突然電話をかけてきた。ラジオで臨時ニュースを聴いたというのだ。

瞬間、私は茫然となった。

戦慄が走った。

すぐさま家を出て、タクシーに飛び乗った。

二十五分で、市ヶ谷駐屯地に着いた。

人垣をかき分け、衛兵に記者証を見せて中に入り、一気に急な坂を駆け上がった。

ペンキの剥げた黄色とも灰色とも見分けのつかない、箱のような建物。バルコニーから、二条の白い垂れ幕が、微風にそよいでいた。

人々は、すでに散り始めていた。バルコニーの前だけに人だかりがあった。隊員の一人が、「三島由紀夫は死んだ」と、そう言った。十二時三十分頃だった。

私がいたすぐ頭の上にある総監室で、三島由紀夫と楯の会学生長の森田必勝が切腹したと、教えられた。


いったいなぜ、三島はかくも衝撃的な演出によって、自らの命を絶ったのか。

一般論では、「檄」にあるように、憲法改正を訴えたということだ。建軍の本義は、「三種の神器」を護ること、つまり天皇を護ることであり、矛盾した憲法に命を賭して体当たりしたということだ。

親しい外交評論家の加瀬英明氏は、この『市ヶ谷事件』については、厳しく批判する。文藝春秋社の月刊誌だった『諸君！』に、「『楯の会』の制服はキャバレーのドアマンのようだ」と書いていた。「市ヶ谷の自衛隊で卑劣にも、武人の総監を騙して縛り上げた。真面目にクーデターを企てたのだったら、六本木の防衛庁の長官室を占領すべきだった」と、寄稿した。

確かに、クーデターを成功させることが目的なら、加瀬氏の指摘は正鵠を射ているかもしれない。だが、最近になって私は三島の意図がわかってきた。三島は、クーデターを成功させられるとは、思っていなかった。だから、六本木の防衛庁長官室を襲撃する必要はなかったのだ。

三島は、もっと時代の先を観ていた。

私が最も親しく、またライバルでもあったアイヴァン・モリスは、三島の自決に捧げて『高貴なる敗北《ノービリティ・オブ・フェイリア》』を上梓した。日本の英雄は、敗北の中に生まれるという。勝てない相手とわかっていても、自らの信じる大義に殉じる姿だ。

当時、中曽根康弘や石原慎太郎とも交流のあった三島は、憲法改正がいかに容易でないか、わかっていた。政治家をむしろ見限っていた。彼らにはできない、と確信していた。

そうはいっても、自らがクーデターを呼び掛けたところで、自衛隊が決起するとは、思っていなかった。

では、なぜ、市ヶ谷であのような「暴挙」に出たのか。

三島が描いていた理想は、殉教者になることだった。

三島由紀夫が自決することで殉教者となり、いつの日か、その遺志を継いで憲法改正に本気で取り組む愛国者たちが出現することを待望したのだ。

私は、マスコミ研究会代表の植田剛彦（現・自由社社長）氏と対談し、『目覚めよ！日本』（日新報道）を上梓したが、その時に、植田氏がガブリエル・ダヌンツィオを話題にした。

ダヌンツィオは、イタリアの天才詩人、作家で、歌劇『セバスチャン』を書いた。ダヌンツィオは、四世紀に殉教した聖セバスチャンを、大義に殉じた人として描いた。

三島は、『セバスチャンの死』を邦訳して、『殉教』というタイトルで出版もしている。

世界的に有名な写真家の細江英公氏が撮影した三島由紀夫の写真集『薔薇刑』では、三島は聖セバスチャンに扮している。あれは、単なる写真集のポーズではなく、本質的に三島の『市ヶ谷事件』を暗示し、象徴していた。

ダヌンツィオと三島は、とても似ている側面がある。

ダヌンツィオは、第一次世界大戦の頃からパリの社交界の寵児だった。自己顕示欲が強く、超愛国的で、派手な政治的行動でも知られていた。

私的な軍隊を作ったところも、ダヌンツィオと三島はよく似ている。ダヌンツィオは、その「軍隊」でイタリア北部のフューメを占拠した。ついには正規軍が出動して、拠点となっていたホテルを包囲し、投降を促したが、籠城は一ヶ月も続いた。

三島の自決は、ものすごく緻密に計算された計画だった。

三島は、自分が歳をとっていることを、自覚していた。私が初めて外国特派員協会で三島を目にした時は、三十代に見えた。しかし四年後の一九七〇年には、四十代後半に見えた。三島は、『豊饒の海』の四部作の執筆と同時に、自決へのシナリオを描いていった。

三島は、一九六六年に『春の雪』を書き終えると、自衛隊における訓練を開始した。六八年に二番目の『奔馬』を書き終えると、『楯の会』を結成した。三番目の『暁の寺』を書き終えると、五人の仲間を選んだ。この五人が、市ヶ谷事件を起こすことになった。

そして四部作の最後になる『天人五衰』を、自決の当日の日付、一九七〇年十一月二十五日で擱筆している。これは、恐らく世界でも類例のない、長期計画による自決だ。しかも、小説と現実が、みだれ髪のように絡み合っている。小説が現実で、現実が小説のように感じてくる。不思議なシナリオなのだ。

評論家の加瀬氏は、現実のクーデター計画なら、防衛庁長官を襲撃すべきだと、そう言う。

しかし三島は、小説家だ。それもノーベル文学賞の候補者に名が挙げられるほどの、希代の作家だ。そのシナリオは、現実よりももっとドラマチックな演出が必要だった。そうなると、舞台は市ヶ谷講堂。かつて東京裁判が行われた、あの場所で、占領憲法の打破、マッカーサーの呪縛から天皇の国の「国体」を、取り戻すことを訴えて殉教者となるストーリーだった。

三島事件の当日、警察を指揮したのは佐々淳行だった。現場からは、「おびただしい血が流れています。三島の首は、体から……一メートルほど離れたところにあります」と、パトカーで現場に向かう佐々に無線が入った。佐々は第一報を信じることができず、「まだ脈があるなら蘇生に全力を尽くせ」と指示したと、私は佐々から直接話を聞いた。

新聞社の混乱も、同様だった。『毎日新聞』の記者は、電話で第一報を連絡した。しかし、デスクは信じることができなかった。「もう一度、チェックをしろ」と言って、『三島、負傷して病院へ』という見出しも用意した。

三島は、当時、昭和天皇を唯一の例外とすれば、世界で最も有名な日本人だった。この世的には、何も不自由するものはなかった。ノーベル賞を受賞できなかったことが原因となって事件に至ったと言う人も多いが、私はそうは思わない。

それにしても、切腹とは。昔の武士ならしたかもしれないが、戦後二十五年も経って、世の中に現存しない伝統と、誰もが思っていた。

あの日から、もう四十五年余が過ぎた。写真や映像で、三島が楯の会の制服を着て、鉢巻きをし、拳を挙げて訴えるバルコニーでの姿を、見たことがある程度の方も多いのではないか。

改めて、拙著『三島由紀夫　生と死』を参照しながら、当時の状況を振り返ってみる。

事件当日

あの日、朝早く起きた三島は、ゆっくりと入念に、髭を剃った。見苦しいところが、あってはならない。シャワーを浴び、新しい六尺ふんどしを締めた。

瑤子夫人は、二人の子どもを学校に送るために、車で家を出た。三島は、テーブルの上に分厚い封筒を置いた。六年がかりで連載してきた『豊饒の海』の最終稿だった。朝のうちに、編集者が取りに来る手筈だった。

午前十時、二人のジャーナリストに電話を入れた。現場に来てもらうためだったが、何が起こるのかは、伝えなかった。

ほどなく、「ちび小賀」と呼ばれた楯の会の隊員・小賀正義が迎えにきた。

三島は、鞄を取り、軍刀風にこしらえた日本刀を腰に提げて、家を出た。白いコロナには、楯の会の隊員四名が乗っていた。三島は、運転をする小賀の隣に座った。後ろの席には、「フル古賀」・古賀浩靖、楯の会旗手の小川正洋、学生長の森田必勝が座っていた。

「お前たちは、死んではならない。わかったか。総監が自決などしないよう、動きに注意していろ。それだけだ」

切腹するのは、三島と森田だけ。あとの三人は生き残り、法廷で証言すること。七生報国の信念を忘れるなと、三島は命令書に書き、当座の費用一万円といっしょに渡していた。


午前十一時少し前、車は市ヶ谷にある自衛隊東部方面総監部の正門に着いた。

警備の隊員は、助手席の三島の姿を見ると、そのまま車を通し、隊内電話で三島の到着を連絡した。小賀は坂を上り閲兵グラウンドの総監部前で、車を止めた。一同は、鞄を持ち、刀を吊った三島を先頭に、総監部に入っていった。


沢本泰治三等陸佐の先導で、二階の総監室に着いた。

「どうぞお入り下さい。総監がお待ちです」

三島を先頭に、一同は部屋に入った。

五十七歳の益田兼利総監は、大東亜戦争を知る旧軍人だった。威厳をたたえながらも物静かで、飾り気のない人だった。

「よくいらっしゃいました」

総監は、そう言って三島を迎えた。

「どうぞ、おかけ下さい」

総監が言ったので、三島はソファに腰を下ろした。

「きみたちも、どうぞ」

三島の指図で、楯の会の制服姿の四人は、椅子を持ち出して並べ、一列に座った。

「本日は、楯の会の例会が開かれることになっており、それでこの者たちも制服を着ているのです」

三島は、刀を腰からはずし、益田からよく見える位置に立てかけた。

「りっぱな刀のようですが、警察にとがめられませんでしたか」

「いや、これはちゃんとした美術品で、このとおり鑑定書を持っていますので」

三島は鑑定書を出して見せた。関の孫六。十七世紀の逸品だった。益田は、しげしげと刀を見やった。

「ご覧になりますか」

「見せて下さい。三本杉があるでしょうな」

三本杉は、関の孫六の有名な刃文のことだった。

三島は立って、慣れた手つきで刀の鞘を払い、刀身を立てた。三島と益田は、じっと刀身を見入る。

「小賀、ハンカチ」

三島がちび小賀に声をかけた。これが実は行動開始の合図だった。四人は、さっと席を立った。小賀は手ぬぐいを手に総監の背後にまわった。

その瞬間、総監が思わぬ行動に出た。さっと立って執務机のほうへティッシュ・ペーパーを取りに行った。

小賀は、どうしていいかわからず、手ぬぐいを三島に渡し、席に戻った。

そこで三島は、刀身を高く掲げた。カミソリのように鋭い刃に、三本杉が見事な美しさだった。

「よく見えます。みごとなものです。美しい。これほどりっぱなものは、見たことがありません」

すると三島が隊員たちをちらりと見やった。こんどは無言のうちに命令が伝わった。小賀は進み出て総監の背後にまわり、いきなり首を絞めた。全員が、それを合図に行動を開始した。ポケットから長い細引と短い細引を出し、総監の手足を椅子に縛り、猿ぐつわをかませた。

三島は部屋の中央に立ち、刀を大上段に振りかぶった。

針金でドアを開かないようにし、総監の机でバリケードをつくった。もう一つのドアには、テーブルや椅子、シュロの植木鉢などを置いた。

実は、総監室にはのぞき窓があった。ぼんやりだが、外から室内が見えるようになっていた。

沢本三佐は、お茶を出す頃合いを確認するため、この窓から室内を見た。最初、隊員たちが総監の肩でも揉んでいるのかと、思った。しかし、よく見ると猿ぐつわや縄が見えた。すぐに走って、上司の原勇一一等陸佐に報告した。

原と沢本は、総監室に入ろうとした。しかしドアが開かない。そこで隣室で会議中だった幕僚副長山崎皎陸将補に報告した。

「いったい何をしようというのだ」

「とにかく総監室に入ろう」

午前十一時二十分。幹部隊員たちが総監室のドアを叩いて「開けろ、開けろ」と叫んだ。

体当たりをするとバリケードが崩れ、ドアが半ば開いた。原一佐を先頭に、数人が総監室になだれ込んだ。

「出ろ！」

三島が、大声で叫んだ。

「出ろ！」

三島は再び叫んだ。だが、誰も動かない。

三島は刀を振り下ろした。自衛官らは、後退ったが、それでも尚、三島に肉迫しようとした。

「出ろ、出ろ、出ろ！」

そう言うと三島は、斬りつけた。退こうとした陸佐は背中を斬られ、思わず腕を上げると、その腕も斬られた。三島に飛びかかろうとした陸曹は、右手首が落ちるほどの深傷を負った。

三島の目には狂気の光が見えた。

別の陸佐めがけて斬りつけ、両腕と背中に三太刀、陸佐は木刀で一撃を防いだ。

負傷者をかばって、一同はともかく総監室を出た。斬られた者は、出血がおびただしい。医務官を呼んだ。

山崎陸将補は、部下六人を率いて、武器は棒一本持たずに、再び総監室に突入した。三島は刀を構え、背後には椅子に縛られた益田総監が見えた。三島を左右から固めるように、楯の会の三人がこちらを睨んでいる。小川は特殊警棒、古賀は重い灰皿。森田と小賀は、短刀を構えていた。

「出ろ！　出ないと総監を殺すぞ」

「バカなまねはやめろ。冷静になれ！」

三島は、一歩出て山崎の頸を狙った。

「出なければ、総監を殺す」

そのとき、ガラスが割れる音がした。自衛官らが室内の様子を見るために、窓を叩き割ったのだ。

急に三島は、一歩後退した。

「要求は何だ。要求を言え！」

山崎が叫んだ。三島は山崎を一撃した。しかし、わざと斬らなかった。

山崎の背後の一人が、踏み込んで森田に飛びかかった。

三島は山崎めがけ刀を振り下ろした。山崎は姿勢を低くして避けようとしたが、背を斬られた。

将校の一人が、短刀をもぎ取ろうと、森田と格闘になった。

同時に、三人が三島に襲いかかった。

右、左、右、左と、三島は続けざまに斬った。刀は腕や肩、背をとらえた。三人は負傷したが、森田の短刀は奪った。

「出ろ、出ろ！」

三島はまた別の陸佐の腕を斬りつけた。

七人は、やむをえず幕僚長室に引き揚げた。

ドアが閉められ、再びバリケードを積む音がする。

幕僚副長の吉松一佐が、山崎に代わって指揮を執ることになった。

三島は、自衛官全員を東部方面総監部の前に集めよと言う。そんなことはできないと、原一佐が叫び返し、怒鳴りあいが続いたが、その後、三島が窓に近づいて要求書を渡した。

三島は、益田のところに歩み寄り、刀を振りかぶったまま、隊員の一人に総監の猿ぐつわをゆるめさせた。

「総監、われわれの要求を受け入れれば、あなたの安全は保障する。受け入れない場合は、あなたを殺して私は切腹する」

「なぜ、こんなバカなことをするのか」

益田の問いに、三島は答えなかった。

「総監に要求書を読んでさしあげろ」

隊員が要求書を読みあげた。

「ばかばかしい。こんなことをして何になる」

益田はそう言ったが、三島は答えなかった。

「責任者は誰だ！　出てこい」

三島が窓のところで叫んだ。

「私が現場の最高責任者だ」

吉松一佐が応じた。

「要求書はすでに渡した。そちらが命令に従わなければ、総監を殺して自決する」

「総監は、要求どおりにせよと言っておられる」と、三島がいった。総監はうなずいたように見えた。

吉松一佐は幕僚長室に入って協議した。警察に連絡することに決まった。六本木の防衛庁にも決定を伝えた。全自衛官の召集も、警察の到着を待って行うことに決めた。

三島は、自衛隊が警察を呼んだことだけは、知らなかった。

三島は総監室で、悠然としていた。

「襟元を緩め、鉢巻きを締めろ」

隊員たちは鞄から鉢巻きを出した。日の丸をはさんで「七生報国」と書かれていた。自衛隊側は割れた窓から中を見張っていたが、三島は気にとめず、煙草を取り出して愉快そうにふかした。

ラウドスピーカーが、総員集合を告げた。

それに合わせてパトカーのサイレンが聞こえた。午前十一時三十八分だった。サイレンは最初は遠くに、やがて駐屯地の坂を上って近づいてきた。

「お客さんが大勢パーティにおいでだ」

三島がそう言ってまもなく、駐屯地の各所から続々と自衛隊員が本館前に集まってきた。

午前十一時四十五分、最初のヘリコプター群がやって来た。警察のヘリは駐屯地のヘリポートに着陸し、新聞社やテレビ局の報道ヘリは、総監部の前部の上空に集まった。

そして正午少し前、森田と小川がバルコニーに姿を現した。彼らは、しゃがんで垂れ幕を固定し、自衛隊員に見えるようにバルコニーから垂らした。営庭は、すでに騒々しかった。自衛隊員は口々に叫び、パトカーや救急車はサイレンを鳴らして次々に到着した。上空ではヘリコプターが爆音をたてていた。楯の会の隊員二人は、バルコニーの上から「檄」を撒いた。

「檄」の最後の部分は、次のように書かれていた。

「日本を日本の真姿に戻して、そこで死ぬのだ。生命尊重のみで、魂は死んでもよいのか。……今こそわれわれは生命尊重以上の価値の存在を諸君の目に見せてやる。それは自由でも民主主義でもない。日本だ。われわれの愛する歴史と伝統の国、日本だ」

正午ちょうど、三島がバルコニーに姿を現した。黄と褐色の楯の会の制服を着ていた。日の丸に七生報国と記した鉢巻きをしていた。三島は胸壁の上に飛び上がった。全身が、はじめて下から見えた。制服のボタンが、陽光を受けて輝いていた。白い手袋には血痕が散っていた。三島は仁王立ちになった。胸を張り、手を腰にあてがった。

三島は、「天皇陛下万歳！」を三唱して演説を終えた。

窓から総監室にもどった三島は、「あれでは聞こえなかったなあ」と、失望のつぶやきをもらした。実際、ヘリコプターの爆音や罵声で、三島の訴えはよく聞こえなかった。

三島は上着を脱いだ。上半身は、裸だった。

「やめなさい。そんなことをして何になる」

制止する総監に、三島は答えた。

「しかたないのです。あなたは生きて下さい。このことに責任はないのだから」

三島は靴を脱いで、一方に寄せた。森田が長刀を取った。

「やめよ！　やめないか！」

三島は無言のまま腕時計をはずし、楯の会の会員の一人に渡した。そして益田の目の前わずか二メートル、絨毯の上に正座した。ズボンを緩め、押し下げた。雪白のふんどしが見えた。

三島の胸が大きくふくらんだ。

森田は、後ろに回って介錯の位置についた。

三島は、刃渡り三〇センチほどの鎧通しを握った。

小川が進み出て、毛筆と色紙を渡そうとした。三島は、自分の血で「武」と書く手筈になっていた。しかし三島は、「もういいよ」と、断った。

下腹を少しもみ、そこに切っ先をあてがった。

森田は、三島のうなじを睨みながら太刀を振り上げた。手が震えるのか、振り上げた刀の先が、プルプルと動いた。

再び、天皇陛下万歳と、三度、三島が叫んだ。

前かがみになって、いったん肺の中の空気を吐き出した。

肩の筋肉が盛り上がった。そして最後の息を深く吸い込むと、「ヤァー」と、あらん限りの力を振り絞って叫び、胸の中の空気をすべて吐いた。同時に、刀を腹に突き刺した。

顔から血の気が引き、右手が震えはじめた。

前にかがみ、力いっぱい、刀を引き回そうとした。

筋肉が刀身を押し出そうとする。手が激しく震えた。

左手を添え、押さえつけながら、真一文字に右へ。

血がほとばしり、流れて、ふんどしを赤く染めた。

三島の頸が前に垂れた。森田の目の前にあった。

森田は、刀の柄を握りしめ、振り下ろした。

だが、一瞬遅かった。三島のからだは前に倒れ、額が絨毯についた。森田の刀は床を打ち、三島の肩に深く食い込んだ。

「もう一太刀！」と、楯の会の三人が叫んだ。

三島は絨毯の上に俯けに倒れ、唸っている。自らの血に染まり、腸がはみ出した姿だ。

森田は、もう一度、刀を振り下ろした。今度も首は落ちず、刀は胴を深く斬った。

「いま一太刀！」

森田には、もうあまり力が残っていなかった。三度めでも、首はなお断てず、妙な具合にねじれ、傷口から血が噴き出した。

「浩ちゃん、代わってくれ」

古賀浩靖は、剣道の心得があった。森田から刀を受け取ると、一太刀で三島の頸部を切断した。


楯の会の四人は、その場にぬかずいた。

「おがみなさい」

益田はそう言って、自分も縛られたまま、できるだけ頭を垂れ、上半身を前に傾けた。

隊員たちは、念仏をとなえた。遺体から噴き出した血は、絨毯を浸していった。生臭い匂いが部屋に満ちた。

森田は、上着を脱ぎ、正座した。三島に倣って、天皇陛下万歳を三唱した。それから刀を腹に突き立てた。しかし、腕にもはや力がなく、浅く切っただけだった。背後には、古賀が介錯の刀を構えていた。

「よし！」

森田の声で、古賀が長刀を一閃、森田の首が床に転がった。首のついていた斬り口から、血がリズミカルに噴き出し、胸は前に倒れた。

午後零時二十三分、総監室に入った検視官が、三島と森田は切腹と頸部切断により死亡と確認された。

総監部の一階で、広報部が記者発表をした。小さい部屋に五〇人以上の新聞記者やテレビカメラマンがひしめいていた。

私は、たった一人の外国人だった。

低い台の上に立った自衛隊の広報官を、取材陣が囲んだ。

「二人は自決いたしました。三島ともう一人、学生長の森田です」

「ちょっと、どういう意味ですか。首は胴を離れたのですか」「ハイ、首は胴を離れました」

事件に対する日本政府の見解は、佐藤栄作首相によって語られた。天皇陛下を迎えて臨時国会が開会された日だった。所信表明演説をした佐藤首相は、議場から出てきたところで、記者団に取り囲まれた。三島の「市ヶ谷事件」の感想を聞かれた首相は、「天才と狂人は、紙一重だ。気がふれたとしか思えない」と答えた。佐藤首相は、三島を親しく知り、自衛隊による楯の会訓練の世話も、間接的にしたことがあった。

何が、二人をして、切腹に至らしめたのか。

その答えは、総理大臣が断じたほど簡単なものではなかった。二人の自決の原因は、そもそもマッカーサーの占領と、東京裁判にあった。

北朝鮮の「核ミサイル」の脅威がワシントンに及び、中国の軍事侵略は大陸から海洋へと拡大している。アメリカの民主主義は、地上げ屋上がりのドナルド・トランプを大統領に選出する勢いだ。日本を取り巻く安全保障の環境は、いわゆる日本の「戦後」に本質的な変革を求めている。

三島が命と引き換えに問題提起をしたこと。

それがいま、この国に、その問題解決を迫っている。

第三章　アメリカによる洗脳

なぜか戦勝国の正義をプロパガンダする日本

よく私は、「なぜイギリス人なのに、日本の弁護をするのだ」とか、「なぜ右翼のプロパガンダを応援するのだ」と言われる。連合国（日本で言う「国連」）の「正しい歴史認識」とは相容れない私の主張を読んだり、聞いたりして、私のことを心配して言ってくれるのだ。

しかし私は、「日本の弁護をしているのでも、右翼のプロパガンダをしているのでもない」と、そう答える。すると、一様に怪訝な顔をされる。地動説を唱えるガリレオのようなものので、なかなか理解してもらうのは難しい。

私からすると、「連合国の戦勝史観が正しかった」と強弁するほうが、『戦時プロパガンダ』の繰り返しでしかない。

しかし現実には、多くの東京特派員が、「連合国の戦勝史観が正しかった」と、そう信じ込んでいる。「日本はアジアを侵略し、非道な残虐行為を行った」と、疑いもなく記事に繰り返し書いている。

欧米や中国、朝鮮がそう書くのは、自国の側に有利なようにプロパガンダを利用しているだけだ。自己正当化をしているのだと考えれば、まだ理解できる。


問題は、日本のメディアと多くの日本人の歴史認識だ。アメリカや中国、韓国のプロパガンダを、そっくりそのまま受け入れている。これは、滑稽と言ったほうがいい。なぜ、日本のマスコミや多くの国民が、戦勝国の正義をプロパガンダする必要があるのだ。洗脳されているとしか思えない。いや、洗脳《プログラミング》されているのだ。

洗脳《プログラミング》されたことに気づかない日本のメディアと国民

いま、アメリカの弁護士でもあるケント・ギルバート氏などが大々的に取り上げて問題にしているWGIP（ウォー・ギルト・インフォメーション・プログラム）のことは、もう皆さんもご存知だろう。日本のメディアや多くの日本の国民が、洗脳されたままになっているのは、WGIPの洗脳《プログラミング》を解かれずに今日に至っていることに原因がある。

WGIPとは、日本人に贖罪意識を植えつけるための占領政策だった。この洗脳にかかると、次のような「思い込み」の症状が見られる。

・東京裁判で「A級戦犯」が処刑された。
・「A級戦犯」が祀られる靖国神社に首相や閣僚が参拝するのはよくない。
・民意に反して、軍部が戦争に国民を引きずりこんだ。
・日本は、侵略戦争を起こし、アジアの人々と戦った。
・日本軍は、アジア諸地域、太平洋戦域で、多くの民間人を犠牲にした。
・日本軍は、沖縄の人々を見捨て、犠牲にした。
・東京大空襲も、全国九十三都市を含む二百近い地域の空襲、広島・長崎への原爆投下も、日本が過ちを犯したからで、反省すべきだ。

一例をあげれば、こうした考えだ。洗脳思考は、列挙すればきりがないほどある。

ハッキリ言って、こうした考えを持つ人は、洗脳症状に犯されている。アメリカの占領軍によるプロパガンダ、そしてWGIPによって、そう思い込まされているだけだ。

日本が真の意味で、立派な独立国となるためには、こうした洗脳から解放されなければならない。

「A級戦犯」という表記は誤りである

一般に「A級戦犯」と、大文字のAが使われている。しかし、これは間違いである。正しくは、小文字のａである。

東京裁判における「犯罪の定義」は、国際軍事裁判所条例の第六条に定められている。引用する。

次に掲げる各行為またはそのいずれかは、裁判所の管轄に属する犯罪とし、これについては個人的責任が成立する。

ａ　平和に対する罪。すなわち、侵略戦争あるいは国際条約、協定、誓約に違反する戦争の計画、準備、開始あるいは遂行、またはこれらの各行為のいずれかの達成を目的とする共通の計画あるいは共同謀議への関与。

ｂ　戦争犯罪。すなわち、戦争の法規または慣例の違反。この違反は、占領地所属あるいは占領地内の一般人民の殺害、虐待、奴隷労働その他の目的のための移送、俘虜または海上における人民の殺害あるいは虐待、人質の殺害、公私の財産の略奪、都市町村の恣意的な破壊または軍事的必要により正当化されない荒廃化を含む。ただし、これらは限定されない。

ｃ　人道に対する罪。すなわち、戦争前あるいは戦争中にすべての一般人に対して行われた殺害、殲滅、奴隷化、移送及びその他の非人道的行為、または犯行地の国内法の違反であると否とを問わず、裁判所の管轄に属する犯罪の遂行としてあるいはこれに関連して行われた政治的、人種的または宗教的理由にもとづく迫害行為。

一般に「ＢＣ級戦犯」と呼ばれるものも、この国際軍事裁判所条例のａｂｃに基づく。つまり、本来はＡＢＣと大文字ではなく、ａｂｃと、小文字で表記されていたのだ。問題は、週刊誌などでよく「Ａ級戦犯」という表現が使われるように、大文字のＡを使うと、最も程度の高い——この場合は最も罪の重い戦争犯罪と、そういう印象を受けることだ。

そもそもａｂｃは、単なるカテゴリーで罪の重さとは関係がない。英語で「Class A」と言うのも同様だ。「クラス」は、「級」ではなく「組」にしてもよかった。厳密には、『ａ分類戦犯』とすべきなのだ。

「A級戦犯」が祀られる靖国神社を参拝してはいけない？

いわゆる「A級戦犯」「BC級戦犯」の別を問わず、重要な国会決議がある。それが、一九五三（昭和二十八）年八月三日、衆議院本会議で可決した「戦争犯罪による受刑者の赦免に関する決議」である。内容は、次の通りだ。

八月十五日九度目の終戦記念日を迎えんとする今日、しかも独立後すでに十五箇月を経過したが、国民の悲願である戦争犯罪による受刑者の全面赦免を見るに至らないことは、もはや国民の感情に堪えがたいものがあり、国際友好の上より誠に遺憾とするところである。しかしながら、講和条約発効以来戦犯処理の推移を顧みるに、中国は昨年八月日華条約発効と同時に全員赦免を断行し、フランスは本年六月初め大減刑を実行してほとんど全員を釈放し、次いで今回フイリピン共和国はキリノ大統領の英断によつて、去る二十二日朝横浜ふ頭に全員を迎え得たことは、同慶の至りである。且又、来る八月八日には濠州マヌス島より百六十五名全部を迎えることは衷心欣快に堪えないと同時に、濠州政府に対して深甚の謝意を表するものである。

かくて戦争問題解決の途上に横たわつていた最大の障害が完全に取り除かれ、事態は、最終段階に突入したものと認められる秋に際会したので、この機会を逸することなく、この際有効適切な処置が講じられなければ、受刑者の心境は憂慮すべき事態に立ち至るやも計りがたきを憂えるものである。われわれは、この際関係各国に対して、わが国の完全独立のためにも、将又世界平和、国家親交のためにも、すみやかに問題の全面的解決を計るべきことを喫緊の要事と確信するものである。

よつて政府は、全面赦免の実施を促進するため、強力にして適切且つ急速な措置を要望する。

右決議する。（「官報号外」昭和二十八年八月三日）

つまり「A級戦犯」も含め、国会で「戦犯」はいないことが決議されたのだ。それなのに、この期に及んでも「A級戦犯」云々と言うのは、名誉棄損といえよう。

いまだに、「A級戦犯が祀られる靖国神社に首相や閣僚が参拝するのはよくない」と言う人がいるが、それは国会決議を無視していることになる。国会決議を無視して、名誉棄損の人権侵害を犯すなど、法治国家にあるまじき無法そのものということになる。

民意に反して、軍部が戦争に国民を引きずりこんだ？

日本は、大東亜戦争を戦った。いまマスコミが報道で使う戦争名「太平洋戦争」は、日本の戦争名ではない。占領下でアメリカが強要して使わせた戦争名だ。

一九四一（昭和十六）年十二月八日に、天皇の開戦の詔書によって戦端を開くことになった。その時に日本が閣議決定した正式な戦争名は、大東亜戦争である。日本は、この戦争名を、堂々と使うべきなのだ。ところが、産経新聞を含む大手メディアは、すべて「太平洋戦争」と呼称している。これも、占領政策の残滓である。即座にやめるべきだ。

なぜ日本が、アメリカ、イギリス、オランダなどを敵国として、戦争を始めることになったのか。多くの日本人は、『終戦の詔書』の「耐え難きを耐え、忍び難きを偲び」という昭和天皇の玉音放送の、その部分だけはよく知っている。しかし、なぜ日本は開戦したのか、そのことを知らない。

その理由を最も端的かつ明快に説明したのが、天皇陛下の『開戦の詔書』である。日本人が何よりも学ぶ必要がある重要なこの詔の内容は、次の通りだ。原文ではなく、わかりやすいように、「読み下し文」を紹介しよう。

天佑《てんゆう》を保有し、万世一系の皇祚《こうそ》を践《ふ》める大日本帝国天皇は、昭《あきらか》に忠誠勇武《ちゅうせいゆうぶ》なる汝《なんじ》、有衆《ゆうしゅう》に示す。

朕《ちん》、茲《ここ》に米国及び英国に対して戦を宣す。朕が陸海将兵は、全力を奮《ふる》って交戦に従事し、朕が百僚有司《ひゃくりょうゆうし》は、励精《れいせい》職務を奉行《ほうこう》し、朕が衆庶《しゅうしょ》は、各々其《おのおのそ》の本分を尽し、億兆《おくちょう》心を一《いつ》にして国家の総力を挙げて、征戦《せいせん》の目的を達成するに遺算《いさん》なからんことを期せよ。

抑々《そもそも》、東亜の安定を確保し、以って世界の平和に寄与するは、丕顕《ひけん》なる皇祖考《こうそこう》、丕承《ひしょう》なる皇考《こうこう》の作述《さくじゅつ》せる遠猷《えんゆう》にして、朕が拳々措《きょきょお》かざる所。而《しか》して列国との交誼《こうぎ》を篤《あつ》くし、万邦共栄《ばんぽうきょうえい》の楽《らく》を偕《とも》にするは、之亦《これまた》、帝国が、常に国交の要義《ようぎ》と為《な》す所なり。今や、不幸にして米英両国と釁端《きんたん》を開くに至る。洵《まこと》に已《や》むを得ざるものあり。豈《あに》、朕が志ならんや。

中華民国政府、曩《さき》に帝国の真意を解せず、濫《みだり》に事を構えて東亜の平和を攪乱《こうらん》し、遂に帝国をして干戈《かんか》を執《と》るに至らしめ、茲に四年有余を経たり。幸《さいわい》に、国民政府、更新するあり。帝国は之と善隣《ぜんりん》の誼《よしみ》を結び、相《あい》提携するに至れるも、重慶《じゅうけい》に残存する政権は、米英の庇蔭《ひいん》を恃《たの》みて、兄弟尚未だ牆《かき》に相鬩《せめ》ぐを悛《あらた》めず。

米英両国は、残存政権を支援して、東亜の禍乱《からん》を助長し、平和の美名に匿《かく》れて、東洋制覇の非望《ひぼう》を逞《たくまし》うせんとす。剰《あまつさ》え与国《よこく》を誘い、帝国の周辺に於《おい》て、武備《ぶび》を増強して我に挑戦し、更に帝国の平和的通商に有《あ》らゆる妨害を与へ、遂に経済断交を敢《あえ》てし、帝国の生存に重大なる脅威を加う。

朕は、政府をして事態を平和の裡《うち》に回復せしめんとし、隠忍《いんにん》久しきに弥《わた》りたるも、彼は毫《ごう》も交譲《こうじょう》の精神なく、徒《いたづら》に時局の解決を遷延《せんえん》せしめて、此《こ》の間、却《かえ》って益々経済上、軍事上の脅威を増大し、以って我を屈従《くつじゅう》せしめんとす。

斯《かく》の如くにして、推移《すいい》せんか。東亜安定に関する帝国積年の努力は、悉《ことごと》く水泡に帰し、帝国の存立、亦《また》正に危殆《きたい》に瀕《ひん》せり。事既に此に至る帝国は、今や自存自衛の為、蹶然《けつぜん》起《た》って、一切の障礙《しょうがい》を破砕するの外《ほか》なきなり。

皇祖皇宗の神霊、上《かみ》に在《あ》り、朕は、汝、有衆の忠誠勇武に信倚《しんい》し、祖宗の遺業を恢弘《かいこう》し、速《すみやか》に禍根を芟除《せんじょ》して、東亜永遠の平和を確立し、以って帝国の光栄を保全せんことを期《き》す。

昭和十六年十二月八日

御名《ぎょめい》　御璽《ぎょじ》

共産党や創価学会など戦争に反対した勢力もあったが、国民の多くは『開戦の詔書』に書かれた日本の状況を理解していた。

むしろ開戦を支持していたのは国民世論だった。決して独裁者や「軍事政権」が世論を無視して戦争に引っ張っていったのではない。正しくは、日本政府は最後まで平和を希求していたのだ。

戦争を欲してそれを仕掛けたのは、日本の軍部ではなくアメリカだった。

日本は、侵略戦争を起こし、アジアの人々と戦った？

東京裁判が行われた当時も、今も、独立主権国家の最も貴く重要な権利は、「国権の発動たる戦争」をする権利である。全ての独立主権国家は、戦争をする権利を有している。

つまり、戦争それ自体は、当時も今も違法なことではない。そこで問題にされるのは、「侵略戦争」である。

しかし今日に至るも、開戦国が「自衛戦争」と認識すれば、国際法違反にはならないのだ。なぜなら、国際法で戦争に対する自己解釈権が認められており、「自衛戦争」は、合法であるからだ。

国際連合（英語では、ユナイテッド・ネーションズで、第二次世界大戦の「連合国」を意味する）で、侵略がまがりなりにも定義されたのは、一九七四（昭和四十九）年十二月十四日の総会での採択だった。その定義決議は、次のような内容である（ちなみに邦訳は、外務省)。

第1条　侵略とは、一国による他国の主権、領土保全若しくは政治的独立に対する、又は国際連合憲章と両立しないその他の方法による武力の行使であって、この定義に定められたものをいう。

第2条　国家による憲章違反の武力の先制的行使は、侵略行為のいちおうの証拠を構成する。ただし、安全保障理事会は、憲章に従い、侵略行為が行われたとの決定が他の関連状況に照らして正当化されないとの結論を下すことができる。

第3条　次に掲げる行為は、いずれも宣戦布告の有無にかかわりなく、第二条の規定に従うことを条件として、侵略行為とされる。

a　一国の軍隊による他国の領土に対する侵入若しくは攻撃、一時的なものであってもかかる侵入若しくは攻撃の結果として生じた軍事占領。又は武力の行使による他国の領土の全部若しくは一部の併合

b　一国の軍隊による他国の領土に対する砲爆撃、又は一国による他国の領土に対する武器の使用

c　一国の軍隊による他国の港又は沿岸の封鎖

d　一国の軍隊による他国の陸軍、海軍若しくは空軍又は船隊若しくは航空隊に対する攻撃

e　受入国との合意に基づきその国の領土内に駐留する軍隊の合意に定められた条件に反する使用、又は合意終了後の右領土内における当該軍隊の駐留の継続

f　他国の使用に供した国家の領土を、右他国が第三国に対する侵略行為を行うために使用することを許容する当該国家の行為

g　上記（右記）の諸行為に相当する重大性を有する武力行為を他国に対して実行する武装部隊、集団、不正規兵又は傭兵の国家による派遣、若しくは国家のための派遣、又はかかる行為に対する国家の実質的関与

第４条　前条に列挙された行為は網羅的なものではなく、安全保障理事会は憲章の規定に従いその他の行為が侵略を構成すると決定することができる

しかし、こうした内容についても、常任理事国が拒否権を出せば、それが認められてしまう。つまり安全保障理事会の政治的判断によって、「侵略戦争」の定義が左右されるのだ。その意味では、国際社会で厳密な法的概念としての「侵略」は、まだ確定的に定義されてはいないことになる。

ましてや、大東亜戦争の当時、或いはそれ以前に侵略戦争が国際法違反であれば、欧米列強は全て国際法違反をし続けてきたことになる。

日本が「侵略戦争」と、自ら解釈すれば、それは侵略戦争と位置づけられてしまう。しかし洗脳されている日本人は、「アジアに日本が軍事進攻したのだから、侵略ではないか」と、そう考えるかもしれない。しかし、それは、史実とは違う。洗脳された思い込みに過ぎない。

実際には、どうであったのか。

大東亜戦争に日本が至ったのは、追いつめられたからだった。この経緯《いきさつ》については、外交評論家の加瀬英明氏との共著『なぜアメリカは対日戦争を仕掛けたのか』（祥伝社新書）で、加瀬氏が詳しく述べている。ぜひお読み頂きたい。

端的に言うと、日本は追いつめられ、自衛のために開戦したのだ。大東亜戦争は、第一義的に自衛戦争であり、侵略戦争ではない。そのことは、東京裁判後に、アメリカ上院の軍事外交委員会で、マッカーサーが証言している。

次に問題なのは、「日本はアジアと戦ったのか？」という点である。マスコミや多くの国民は、大東亜戦争で、日本がアジア諸国と戦争をしたと、そう誤解している。

日本は、アジア諸国と戦争をしていない。日本がアジアで戦った相手は、白人キリスト教徒の欧米列強だった。

大東亜戦争開戦前まで、アジアで欧米列強の植民地となっていなかったのは、日本とネパールとシャム王国（タイ）のみだった。ネパールとシャムは、欧米列強によるアジア植民地争奪戦の「緩衝地帯《かんしょう》」として、かろうじて植民地にならずにいた。厳密には、アジアで独立を保っていたのは、日本だけだった。

日本は、大東亜戦争でアジアを植民地支配していた欧米列強の軍隊と戦ったのだ。第二次世界大戦で、日本はアジア諸国を侵略していない。間違ってはいけない。

むしろアジアの諸民族は、日本がアジアに軍事進攻したことを、歓喜して迎えたほどである。アジアの植民地は、日本と共に欧米列強と戦い、独立をめざした。

こうした植民地は、宗主国と何百年にもわたり独立のために戦ってきたが、独立派はことごとく欧米列強の軍隊に虐殺され、鎮圧されてしまった。

日本軍が、欧米列強の軍隊をアジアから一掃したことで、アジア諸民族は、独立の気概を持つことができたのだ。

いま東南アジアに独立国があるのは、日本が大東亜戦争を戦ったからである。

日本が大東亜戦争を戦ったことで、アジア諸国は、欧米列強の植民地支配から、解放されたのだ。

日本軍は、アジア諸地域、太平洋戦域で多くの民間人を犠牲にした？

日本軍は、民間人を大虐殺したり、女性はかたっぱしから強姦したかのようなイメージが、刷りこみされている。

しかし、それは虚妄だ。日本軍は、そんなことは絶対にしていない。軍の指揮命令によって、そのような行為に及んだことは、一切ない。

有色人種を大虐殺し、女性はレイプして北米、南米、オーストラリア、アジア、アフリカを侵略したのは、白人キリスト教徒だった。

よく考えて頂きたい。これらの地域には、もともと白人は住んでいなかった。住んでいたのは、有色人種だ。それを駆逐したり、奴隷にして搾取してきたのは、白人列強だったのだ。白人は、動物をスポーツ・ハンティングするように、有色人種を殺していた。

日本は、まったく逆だ。日本は、有色人種を同じ人間として平等に扱えと、白人に対して訴えていたのだ。

事実、有色人種を差別した白人の植民地支配と異なり、日本は少なくとも法律上、朝鮮半島で朝鮮人に対し、日本国民として日本人と対等の権利を与えていた。むしろ日本が税金を持ち出して、朝鮮人、台湾人を援助していたから、逆に、日本人より優遇されていたくらいだ。
アジアの他の地域でも、日本人はアジアの同胞という意識で、アジア人に接した。

決して、白人が有色人種にしたような虐殺や強姦、略奪や搾取はしていない。

日本軍も、アジアの有色人種を仲間として、欧米列強の植民地支配と戦っていたのだ。日本の味方と敵を、勘違いしてはいけない。日本軍にとって、アジア諸民族は同胞であり、味方だった。

もちろん、何度も繰り返すが、まったく違法行為がなかったなどと、私は言っているのではない。

どこの社会にも、犯罪者はいる。どこの軍隊にも、軍法違反をするものがいる。

ただ、日本軍に関しては、天皇の軍隊《エンペラーズ・アーミー》=『皇軍《こうぐん》』の誇りから、天皇の名誉を傷つけるような行為は、それこそ組織的に厳しく取り締まられていた。

このことは、一九三七（昭和十二）年十二月十三日の南京戦でも、南京陥落の前後で綱紀粛正が徹底されていたことからもわかる。大東亜戦争で日本軍の進攻したアジア全域でも、そうした軍紀粛正は、徹底されていた。

むしろ、私は皇軍の南京占領よりも、一九四五（昭和二十）年の連合国による日本占領のほうが、殺人、強姦、略奪、暴行が多かったと、そう感じている。

日本人は、欧米人、中国人や韓国人と違い、そうした被害を主張しないところがある。しかし、水間政憲氏などが発表している資料等は、いかに日本占領を行った連合国軍が、殺人、強姦、略奪をしていたかを明らかにしている。

日本軍は、沖縄の人々を見捨て、犠牲にした？

沖縄県の翁長知事によると、日本は本土を防衛するために、沖縄を犠牲にしたという。沖縄県民は、まるで日本国民ではない「琉球民族」で、歴史的に日本人に差別、迫害（あるいは大虐殺を）されてきたかのような言い分だ。

翁長知事は、日本と沖縄を分断したいのか。

そもそも琉球王は、日本の皇室とゆかりがある。天皇家の末裔にあたるという。特攻隊の多くが、台湾や鹿児島の基地から飛び立って散華された。沖縄戦で、沖縄を守るために、戦っていたのだ。

沖縄戦の戦死者は、四十七の都道府県出身者である。つまり、全国全ての都道府県に沖縄戦の戦死者がいる。最も戦死者が多いのは、北海道だ。

沖縄を犠牲にした？　そのような暴言は、沖縄を除く四十六の都道府県出身の沖縄戦の戦死者に対し、それはあまりにも無礼ではないか。

東京大空襲や広島・長崎への原爆投下は、日本が過ちを犯したから？

沖縄もそうだが、「悪いのは侵略戦争を起こした日本の戦時指導者、残虐非道な日本軍だ」という洗脳に、日本国民が侵されていなければ、こんな自虐的な発想は、生まれてこない。

二〇一一（平成二十三）年に出版された、アメリカのハーバート・フーバー大統領の回顧録『裏切られた自由』（FREEDOM BETRAYED）は、厚さ一〇センチほどの大著だ。私も目を通して、改めて衝撃を受けた。

邦訳作業中らしいが、五年を経ても出版されていない。何かの陰謀だろうか。

幸い、英語に堪能な友人たちが、その内容のエッセンスを、座談会と論文で紹介してくれる本を出版した。

『日米戦争を起こしたのは誰か』（勉誠出版）というタイトルで、序文が外交評論家の加瀬英明氏、対談と論文を国際政治学者の藤井厳喜氏、史実を世界に発信する会・事務局長の茂木弘道氏、元日本郵政副会長の稲村公望氏が担当した。

この本でフーバー元大統領は、次のことを実証的に論じている。

一　日米戦争は、時のアメリカ大統領フランクリン・ルーズベルトが、日本に向けて仕掛けたものであり、日本の侵略が原因ではない。

二　一九四一（昭和十六）年の日米交渉では、ルーズベルトは日本側の妥協を受け入れる意図は、初めから全くなかった。日本側の誠実な和平への努力は実らなかった。

三　アメリカは一九四五（昭和二十）年に、原爆を投下せずに日本を降伏させることが出来た。原爆投下の罪は、重くアメリカ国民にのしかかっている。

アメリカの大統領が、ここまでハッキリと連合国戦勝史観を否定するとは、驚きと言うしかない。日本人は、責任をいたずらに日本軍に押しつけるべきではない。

太平洋諸島で、アジア各国で、沖縄で、日本全土で、民間人を大虐殺したのは、アメリカだ。日本軍が太平洋の島々で、アジア諸国で、或いは沖縄で、民間人を殺したのではない。戦闘によって、大量の死者が出た理由は、アメリカの圧倒的な火力、戦力だった。民間人を大虐殺したのは、連合国軍、主としてアメリカ軍である。

それでも、「日本が侵略戦争を始めたのだから」と、自虐的に考えるのは洗脳だ。フーバー大統領が、回顧録で語るように、戦争を仕掛けたのは、アメリカだった。日本は、最後の最後まで、戦争ではなく、平和を求めていた。

WGIPの洗脳を解くには

こうしたアメリカによる洗脳を解くには、日本人が正しい歴史認識を持つことが必要だ。私のことを、「歴史修正主義者《リヴィジョニスト》」と、そう呼ぶ外国特派員もでてきている。連合国戦勝史観と違う歴史について語りはじめると、すぐに「歴史修正主義者《リヴィジョニスト》」とレッテル貼りをして批判するのは、歴史について、まっとうに議論ができないからだろう。史実と違うというのであれば、その個々の歴史的事実について、歴史ディベートをすればいいだけのことである。

それでも、歴史解釈は一致しないことも多いだろう。だから、戦争になったのだ。歴史認識は、戦争の勝者と敗者で、異なって不思議はない。

問題は、勝者が、敗者に対し、一方的に勝者の見方を強要して、それ以外の歴史認識を持つと、すぐに「歴史修正主義者《リヴィジョニスト》」と言ってレッテル貼りをするメディアやジャーナリストたちである。それは、単なるプロパガンダにすぎない。「歴史修正主義者《リヴィジョニスト》」と、声高に相手を罵倒する者こそが、多くの場合「歴史修正主義者《リヴィジョニスト》」なのだ。

第四章　イエズス会の独善的な日本布教

神がモーゼに与えた神託

「週刊新潮を裏から読ませる男」と異名を取るのが元産経新聞の高山正之氏だ。高山さんは、毎週、週刊新潮の一番後ろ（その後ろはグラビア）の連載コラム『変見自在』を担当している。

あまりに、そのコラムが痛快なので、「週刊新潮を買うと、つい一番最後のコラムから読んでしまう」というところから、前述の異名がついた。

「聖書の『民数記』では、神の宣託を受けたモーゼが、異教徒は、『男も女も全員虐殺』することを命じている。さらに、『男を知らない処女は、分かち合え』というのだから、恐ろしい」

拙著『連合国戦勝史観の虚妄』（祥伝社新書）からの引用だが、実は最初にそのことを私に教えてくれたのは、髙山さんだった。

モーゼが、神の言葉として、異教徒は、「男も女も全員虐殺しろ。男を知らない処女は、分かち合え」と言ったことも、聖書にその通り書いてある。それに基づいてか、白人キリスト教徒が、世界侵略をしたことは事実だ。その過程で大虐殺があったことも事実だ。

狂信的な布教をしないクリスチャン

私もクリスチャンだが、クエーカー教徒だ。

クエーカー教徒は、聖書を読むが、それぞれの感じたことを大切にしている。瞑想をして、それぞれが受けた霊感や体験を分かち合うのを「先達《エルダー》」が手助けをする。あまりに一人が場違いに話の熱を帯びると、先達が「他の人の意見も聞いてみましょう」と言って、他の人の語るところを聞くように努める。説法師が、聖書の教えや持論を押し付けたりすることはない。布教も控えめである。そこが、日本人に受け入れられたのだろうか、新渡戸稲造博士をはじめクエーカー教徒になった人もいる。

クエーカーは、瞑想と体験を分かち合うことができればいいので、静かな空間があれば十分である。金ぴかのイエスやマリア像も、芸術的なステンドグラスのような装飾も必要ない。煌びやかな衣装を纏った聖職者もいないから、豪華な衣装を競って参加する必要もない。讃美歌もない。聖歌もない。懺悔もない。多額の寄付金を集めて周囲を圧倒するような、財の限りをつくした大伽藍も必要ないのだ。

クエーカー教は、日本の神道に、とても似ているところがある。

伊勢神宮を訪れた時、そんなクエーカーの私は、あまりの衝撃に感涙にむせぶほどだった。伊勢の内宮の、そのまったく飾り気がなく、ただ自然の中に凛とたたずむ祈りの場に、クエーカーの信仰とひとつにつながるものを感じた。言葉で言い表すのは難しいが、日本人の皆さんにはわかっていただけると思う。

伊勢神宮には愛妻のあき子と、ひとり息子のハリー（ハリー杉山の名で日本でタレントをしている）も連れていった。まだハリーは幼かった。伊勢神宮にあまりにも心を奪われ、私も妻も、うっかりハリーを見張るのを忘れていた。ふっと気がつくと、ハリーがひとりで伊勢神宮の橋の上からいまにも落ちそうになっていて、あわてて助けたが、もし落ちていたらどうなっていたか。

息子は日本で生まれ、日本で育った。母は日本人だ。私も日本が好きだった。だから、伊勢神宮にどうしても連れてゆきたかった。日本の「精神《スピリット》」を、「こころ《ソウル》」（たましい）から感じてほしかった。

そんなクエーカーの私にとって、白人キリスト教徒の非道な世界侵略は、どうしても受け入れ難いのだ。

アメリカのテレビ福音伝道師《エヴァンジェリスト》

クエーカー教徒としては、教条主義や世俗の権力・権威によって、素直なまごころが侵されることに抵抗がある。

アメリカのテレビ福音伝道師《エヴァンジェリスト》などは、まるでプロパガンダのようだ。聖書と神の言葉を『錦の御旗』に、それと異なるものを容赦しないところがある。

テレビ伝道師は、まず自分の説法に賛同を求める。組織商法で会場から執拗に「相の手」が入るのに似ている。「そうじゃないですか?」「そうでーす!」と呼応するような雰囲気だ。

もうひとつ組織商法に似ているのは、大伽藍を建設する寄付金を求めることだ。そして多額の寄付をした人ほど、神に近づいたかのように賞讃、賛美される。

心の王国どころか、集会には政治家や学問的な権威者や大金持ちが、賛同していると大アピールをする。この世の権威と権力が、最も尊いと、訴えているかのようだ。

こうしたキリスト教の『伝道』の仕方の代表が、イエズス会だった。

イエズス会は、権力を利用して布教した

日本でキリスト教の大布教に携わったのは、イエズス会だ。カトリックの総本山・ヴァチカンの出先機関である。

「イエズス」と言うのは、ラテン語でイエスのことだ。Societas Iesu である。イエズス会員は、「教皇の精鋭部隊」と呼ばれる。創立者のイグナチオ・デ・ロヨラが修道生活に入る前に騎士で、軍隊生活が長かったからであろう。世界各地で戦闘的な宣教活動を展開した。

フランシスコ・ザビエルは、インドで多くの信者を獲得した後に、マラッカで日本人ヤジローに会い、一五四九年に来日した。一番手のイエズス会は、現在に至るまで日本のカトリックの最高権威組織として「君臨」している。名門の上智大学は、イエズス会の運営する大学だし、敷地内にある聖イグナチオ教会は、日本で最高位のカトリック教会である。

権力者に媚びるキリスト教宣教師たち

八百万の神々を尊ぶ日本では、キリスト教のような一神教は受け入れられないものと、

そう思っていたが、ルイス・フロイスの『日本史』（Historia de Japan by Luis Frois）の英語解説書などを読むと、そうではないことがわかる。

寛容な日本は、キリスト教でさえも、はじめは受け入れる素地があった。多くの戦国武将が、その意図と背景は様々であったにしても、最初から完全拒否したのではない。日本にやってきたザビエルは、信長に寵愛された。もちろん、好奇心の旺盛な信長は、海外事情に多大な関心があったし、仏教宗門が軍備増強をし、僧兵が戦闘訓練をすることに対する対抗勢力として、キリスト教を利用しようとした側面もあろう。

いずれにしても信長、秀吉をはじめとする戦国武将は、キリスト教の布教に、積極的に関与もしている。

イエズス会は、優秀な高貴な家柄の子弟が、ゼウス（神）の教えを身につけること、有力者が改宗すること、異教徒を悪魔の手先と位置づけ排除することに、嬉々としている。また、信長、秀吉のキリシタンへの支援や、高山右近などのキリシタン大名の活動を、神の加護と、ゼウスに感謝している。

それにしても、その宣教の勢いと情熱は、すさまじいものがある。日本に、これ程の勢いで、キリスト教が広まったとは、逆に驚きでもあった。同時に、イエズス会の権力、権威、大伽藍への強烈な嗜好性は、圧巻である。

フロイスの『日本史』で読むイエズス会の姿

フロイスの『日本史』を読むと、イエズス会がキリスト教をどのように広めていったか、その様子がわかって面白い（訳注：引用等は『完訳フロイス日本史』中公文庫、第四巻を参照）。

「ジェスト右近（高山右近）殿の領内での改宗は日々に増して多人数の受洗がしばしば行われている。一司祭と一修道士がその地のキリシタンの許を歴訪した折、約一カ月間に二百三十名が洗礼を受けた。

高槻領の仏僧たちは、信長の在世中には、我らの教えを聞こうとも、それを望みもせず、ましてやキリシタンになろうと決心することはなかった。右近殿は彼らのところにあれこれ使者を遣わして説教を聞くようにと願い、もしまったくその気持ちがなければ、予は貴僧らを領内に留め置くわけにはいかぬと伝えた。そこで遂に彼らは説教を聞くに至り、百名以上の仏僧がキリシタンとなり、領内にあった神と仏の寺社はことごとく焼却されてしまい、そのうち利用できるものは教会に変えられた。それらの中には摂津国で高名な忍頂寺と呼ばれる寺院があった。この寺は今では同地方でもっとも立派な教会の一つとなっている。そこでは大規模に偶像が破壊された。すなわちかの地には多数の寺院があり、仏僧らは山間部にこれら大量の悪魔の像を隠匿していたが、それらは間もなく破壊され火中に投ぜられてしまった」

なんとも酷い内容の報告書である。高山右近は、その権力を利用して、キリスト教への改宗を領民に迫ったのだ。イエズス会は、そうしたキリシタン大名や、さらにもっと上の権力者を使って、キリスト教の布教に努めた。フロイスの報告は、こう続く。

「信長の没後、その家臣で羽柴筑前殿と称する者が天下の政治を司ることになった。彼は優秀な騎士であり、戦闘に熟練していたが気品に欠けていた」

しかし秀吉を良く知るジェスト（右近）の提案で、新たに建設される大阪城下に、教会を持ちたいと願いでる。これに対して「秀吉が司祭および同行したロレンソ修道士に示した好意と歓待ぶりは実に驚くべきもの」で、仏僧たちに対するのとはまったく違った「柔和さと温情を持って」遇した。特別にいっそう奥まった一室に招き入れ、優しく語らい、「伴天連らが遠国からはるばると教えを説くために渡来した辛酸労苦は非常なものだ。伴天連の望みを叶え、極上の敷地を進ぜよう」と、寛大だった。これは、一五八三年の記録である。

秀吉の庇護を受けるイエズス会

秀吉は、高山右近を高く評価し、キリシタンをずいぶんと受け入れていた。

「羽柴筑前殿は、デウスのことに反対せぬのみか、その態度から、デウスの教えを仏僧らの宗教よりも真実のものと認めているようであった。彼はそれゆえキリシタンを信頼し、側近の重臣たちの息子らがキリシタンになるに接して喜んでいた。彼はしばしば右近殿のことを語り、そのあまりにも模範的な生活に驚嘆していた。（略）彼は、異教徒たちよりもキリシタンを信頼しているようであった」

秀吉が右近を信頼する様子は、様々に報告されているが、例えば、荒木村重が秀吉と茶室で同席した時に、右近を批判すると、秀吉は「出て行け。予にさようなことを申すな。予は右近がまったく表裏のない人物であることを熟知しておるのだ」と怒り、長く村重を引見しようとしなかったと書かれている。

古参の修道士ロレンソは、秀吉を長年にわたって知っていた。ある時、秀吉は冗談でロレンソに「もし伴天連らが予に多くの女を侍らすことを許可するならば、予はキリシタンになるであろう。その点だけが予にはデウスの教えが困難なものに思えるのだが」と言った。すると、ロレンソは、「殿下、私が許して進ぜましょう。キリシタンにおなり遊ばすがよい。なぜなら殿だけがキリシタンの教えを守らず地獄に行かれることになりましても、殿がキリシタンになられることによって、大勢の人がキリシタンとなり救われるからでございます」と答えた。これに、秀吉は「大声を発して笑い満悦げであった」という。秀吉が、キリスト教徒の修道士に、ずいぶんと心を許していた様子が、このやりとりから伺える。

コエリョ副管区長は、イエズス会の当時の日本のトップであった。コエリョがルイス・フロイスの通訳で、秀吉と謁見した時にも、秀吉は、伴天連らがひたすらにその教えを伝え広めようと望んで、母国から遠く隔たったこの日本に滞在している心ばえを賞讃し、次のように述べた。

「予もすでに最高の地位に達し、日本全国を帰服せしめたうえに、もはや領国も金も銀もこれ以上獲得しようとは思わぬし、その他何ものも欲しくない。ただ予の名声と権勢を死後に伝えしめることを望むのみである。日本国内を無事安穏に統治したく、それが実現したうえは、日本国を弟の美濃どの（羽柴秀長）に譲り、予は専心して朝鮮とシナを征服することに従事したい」

秀吉は、こうしたことを語る時に、とても愉快そうで、明るい表情をしていたという。まるで高貴な身分を忘れ去ったかのようであった。そして司祭たちにむかって、自分の考えをハッキリと話したと、フロイスは記している。

秀吉は、妻で関白夫人の北政所に「宮殿内の女性達に伴天連を引き合わせず残念だった」と語った。関白夫人は、「宮殿や城内ではいかなる男子にも接しないのが慣例であるから、関白殿にそのようなお考えがあろうとは信じられませぬ」と、答えた。

秀吉は、「予は伴天連たちが大阪城の河向うに住む大阪の仏僧（本願寺の顕如ら）より正しいことを良くわきまえている。仏僧とは異なった清浄な生活を行い、仏僧らのように汚れたことをせぬ。予もまたキリシタンの教えが説くところことごとく満足している」とも語ったと、フロイスの『日本史』にはある。

北政所まで利用するイエズス会

イエズス会が、虎視眈眈と狙ったのは秀吉だけではない。コエリェは、三項目に関する

『特許状』を欲して、祈っていた。それは、次の三項目だった。

①全領国で神（デウス）の教えを妨げなく自由に布教できる。

②仏僧や仏教寺院に課せられている義務を免除する。

③一般住民が課される賦課、義務、奉仕の強制に外国人は拘束されない。

こうした布教方法については、その都度、戦略会議が開かれ、方針が決定される。

本件については、「キリシタン婦人たちに本件を話し、関白夫人を味方に引き入れる以外に良策はない」との結論に至った。フロイスは、次のような報告をしていた。

「デウスの強力なる御手は人力をもってしてはとうてい及ばぬと思われたことを容易に遂行させ給うた。驚くべきは、関白夫人がこの件に大いに関心を持ち、用務を引き受けるために乗り気となり、関白の機嫌がよい時には機を逃すことなく、再度と言わずその話をもちかけ、（前述の）特典を懇請する機会を窺がっていたらしいことである」

北政所は、ある夜密かに人を遣わし、希望通りの下書きを作成するように言われた。自分が作ったもののようにして、関白の承諾を得るというのだ。そうしてイエズス会は、見事に関白秀吉の決済の署名がある特許状を入手することに成功した。それは、次のようなものだった。

伴天連らが日本中、いずこの地にも居住することに関しては、予はこれを許可し、彼らの住院に兵士たちを宿泊させる義務、ならびに仏僧らの寺院に課せられているあらゆる義務から彼らは免除される特権を付与する。彼らがそのキリシタンの教えを説くにあたり、乱暴狼藉あるまじきこと。

天正十四年　五月四日　秀吉（Findeyoxi）

イエズス会の幹部たちは、歓喜し満悦した。仏僧や俗人がこれよりはるかに重要でない許可状を得るにも、多額の金銀を差し出さなければならなかった。「関白がそのような特許状を与えるはずがないと、皆が信じなかったが、それを目の当たりにすると、驚嘆して頭上に押し頂いた」と、フロイスは記している。

イエズス会の独善的布教に激昂した秀吉

イエズス会は、信長、秀吉ら時の権力者に取り入って、布教を強引に進めようとした。

しかし日本では、武家政権が権力を握ってはいたが、天皇という存在がその上位にある絶対的な権威として君臨していた。さらに、古来からの自然信仰もあった。仏教が渡来し栄えたが、確かに仏教の宗門・宗派に（秀吉が言うように）清浄ならざる腐敗もあった。しかし、日本人は、他の信仰を根絶させたり、徹底的な破壊活動を推進することはなかった。権力のお墨付きを得た伴天連やキリシタン大名は、その日本の在り方を完全否定して、独善的な布教、そして破壊活動を開始したのだった。

ついに関白・秀吉も、副管区長のコエリュとルイス・フロイスに、使者を遣わした。フロイスの『日本史』は、次のように記述する。

「（使者は）持参した伝言のことで、ひどく悲しげで当惑しており、関白が、激昂して数々述べたことども、ことに彼らは次の三件を伴天連に伝えるように命じたことを伝えた。

その第一は、汝らは何ゆえに日本の地において、今まであのように振舞って来たのか。他の宗派（仏教）の僧侶たちを見習うべきではなかったか。彼ら仏僧たちは、その屋敷や寺院の中で教えを説くだけであり、汝らのように宗徒を作ろうとして、一地方の者をもって他地方の者をいとも熱心に扇動するようなことはしない。よって爾後、汝らはすべて当下九州に留まるように命ずる。また、日本の仏僧らのようなふつうの方法でない布教手段を講じてはならぬ。もしそれが不服ならば、汝らは全員シナ（マカオ）へ帰還せよ。都、大阪、堺の汝らの修道院や教会は予が接収し、そこにある家財は汝らの許へ送付するように命ずるであろう。もし本年、シナから船が来航せず、そのために帰還できぬのなら、あるいはまた旅費に事欠くようなら、予は汝らに約一万クルザードに該当する米一万俵を付与するゆえ、それを経費に当てて帰るがよいと言うことであった。だが、それらの約束はことごとく出鱈目であった。

第二の伝言は、汝らは何ゆえに馬や牛を食べるのか。それは道理に反することだ。馬は道中、人間の労苦を和らげ、荷物を運び、戦場で仕えるために飼育されたものであり、耕作用の牛は、百姓の道具として存在する。しかるにもし汝らがそれらを食するならば、日本の諸国は、人々にとってはなはだ大切な二つの助力を奪われることとなる。汝らを含め、シナから船で渡来するポルトガル人らが、もし牛馬を食べずには生きられぬものならば、全日本の君主である予は、多数の鹿、野猪、狐、大猿、その他の動物狩りを命じ、それらを一つの囲いの中に入れておくから、汝らはそれを食すがよかろう。汝らは、当国の福祉のために必要な動物の土地を破壊してはならぬ。もしそれを不服とするならば、予はむしろ船が日本に来航せざることを希望する」

これは、二十一世紀の現代社会に於いても、当然至極の条件を提示している。人の国に、招かれることもなく侵入し、その国の基盤を脅かすならば、そうしたことを禁じられても当然である。しかも、秀吉は代替案も提示している。それが受け入れられないなら、日本を訪れないことを希望すると言うことの、どこに不条理や不自然があろうか。当然のことだ。しかし、問題はそれ以上に深刻であった。フロイスによる記述を、さらに紹介しよう。

「第三は、予は商用のために当地方に渡来するポルトガル人、シャム人、カンボジア人らが、多数の日本人を購入し、彼らからその祖国、両親、子ども、友人を剥奪し、奴隷として彼らを諸国へ連行していることも知っている。それらは許すべからざる行為である。よって、汝、伴天連は、現在までにインド、その他の遠隔地の地に売られて行ったすべての日本人をふたたび日本に連れ戻すよう取り計らわれよ。もしそれが遠隔の地ゆえに不可能であるならば、少なくとも現在ポルトガル人らが購入している人々を放免せよ。予はそれに費やした銀子を支払うであろう」

フロイスは、「副管区長には、関白が述べていることのうち幾つかは虚偽であり、真実に反しており、彼らが命ずると約束していることも全て欺瞞であると、判っていた」などと解説している。しかし史実は、まったく秀吉の述べる通りで、むしろ秀吉は、極めて抑制的に事態の善処を求めていたと言えるであろう。

それに対し、フロイスが秀吉に対して言及している内容に、当時も、いまも、クリスチャンの狂信的な反応は、相変わらずだと絶句した。

フロイスは、当初は秀吉をたいそう評価していた。しかし、いったん秀吉が、キリシタンの独善性に気づき、善処を求めだすと、その評価が「白から黒」へと、一八〇度変化した。ジェスト（高山右近）は、「関白の悪辣な性格」を熟知していたので、「デウスの事業は、つねに悪魔から妨害されるものなのである」と言った云々。「悪魔が我らイエズス会員やキリシタンの宗団に対して挑戦しようとしている」「キリシタンの布教が順調に進むことに、悪魔が大きい妨害を加えずに済ませるはずがない」「（秀吉は）このたび、日本で未曽有の、かつ思いもよらぬ大迫害を起こした悪魔の手先となった人物」云々。

さらに百姓から天下取りとなった立派な人物だった評価は、「美濃の国の貧しい百姓の倅として生まれた。彼は今もなお、当時のことを秘密にできないで、極貧の際には古い蓆以外に身を覆うものがなかったと述懐しているほどである」と、批判的に書かれた。「そうした賤しい仕事を止めて戦士として奉公を始め」……「俸禄を増したが、がんらい下賤の生まれであったから、武将と騎行する際には、馬から降り、他の貴族たちは馬上に

「身長が低く」「醜悪な容貌の持主」で「片手には六本の指があった」「眼がとび出て」「シナ人のように鬚が少なかった」「抜け目ない策略家」で、「自らの権力、領地、財産が増すにつれ、比べものにならぬほど多くの悪癖と意地悪さを加えた」「助言も道理も受け付けず」「この上なく恩知らず」「尋常ならぬ野心家」で、「その野望が諸悪の根源」となり、「残酷で嫉妬深く、不誠実、欺瞞者、虚言者、横着者」で、「日々数々の不義、横暴をほしいままにし」た。「本心を明かさす」に「偽ることが巧み」で、「悪知恵に長け」て、「人を欺く」……と、まあこうした罵詈雑言を、一気に書き連ねている。

多くの日本人は、こうした反応を怪訝に思うことだろう。「では、なぜ、そのような人物に取り入ろうとしたのか」と。

この点は、西洋の行動の全てに共通している側面がある。

余談となるが、外交評論家の加瀬英明氏と二〇一六（平成二十八）年に、『世界に比類なき日本文化』（祥伝社新書）を共著で上梓させて頂いた。その中で、西洋人の発想が、YESかNOの「白黒思考」で、日本人のように「善でもあり、悪でもある」というおおらかな発想ではないことに言及した。発想の中に、「神か悪魔か」という論理がある。当然に、自分側が「神」なので、敵対する相手は「悪魔」となる。二律背反の思考パターンに、西洋人はなりがちなのだ。特に、キリスト教という絶対正義の絶対権力者たる「神」を奉じる場合、その神の教えの布教のためなら全てが善で、それを妨害するのは、「悪魔」という狂信に陥りがちになる。

これは、秀吉の頃のイエズス会の宣教師が、特別だったのではない。第二次世界大戦の連合国も、東京裁判の時の検察側も、いや、第二次世界大戦以降の様々な戦争でも、敵は「悪魔」だったのだ。むしろ、私は、戦国時代の日本に来た宣教師も、そうであったかと、その相変らぬ独善に、溜息をつくしかない。

人身売買をしていたキリスト教徒たち

史実を言えば、全世界で有色人種の人身売買を広域展開していたのが、キリスト教徒たちだった。異教徒は、反抗する者は全て虐殺する。殺されずに残ったものは、奴隷にされた。奴隷は、商品でもあった。当然、売買され、馬や牛と同じく酷使された。処女は、強姦された。処女でなくなった女性でも、性奴隷にされた。

これは、高山正之氏も指摘しているように、聖書でユダヤの神が、そう言っているのだから始末が悪い。モーゼが、それを「神の言葉」として人々に布教したから、もうどうにも止まらない。聖書を信奉するなら、異教徒は、そのように扱うことが神の御業をこの世に実現することなのだ。キリスト教徒は、その神の訓戒を、実直に行動に移した。それが、まあ、大航海時代の負の側面だ。

天正少年使節団による悲しい報告

駐日外交団長（全ての駐日特命全権大使の代表）であられるサンマリノ共和国のマンリオ・カデロ特命全権大使が英文でまとめた「天正少年使節団」に関する英語論文を、翻訳者の藤田氏と共に校正のお手伝いをさせて頂く光栄に浴したことがあった。カデロ大使が尊敬する、日本の偉大な少年大使たちである。大使が著された『だから日本は世界から尊敬される』（小学館新書）で、次のように述べておられる。

「はるか400年以上も前に苦労を重ねながらヨーロッパに渡り、そして、ローマ教皇に謁見した彼らのことを、もっともっと日本人に知ってほしい。日本から世界にこの偉業を広めたいと願って、まさにこの本を書こうと思ったのです」

私もカデロ閣下と同様に、伊東マンショの偉業に、感動もし、涙した。

この天正少年使節団が、ローマ法王のもとに行った時の次の報告は、その切実な思いが伝わってくる。

「行く先々で日本女性がどこまでいっても沢山目につく。ヨーロッパ各地で五十万という。肌白くみめよき日本の娘たちが秘所まるだしにつながれ、もてあそばれ、奴隷として転売されていくのを正視できない。鉄の伽をはめられ、同国人をかかる遠い地に売り払う徒への憤りも、もともとなれど、白人文明でありながら、何故同じ人間を奴隷にいたす。ポルトガル人の教会や師父が硝石と交換し、インドやアフリカまで売っている」

藤田氏は、明治二十三（一八九〇）年に徳富蘇峰が創刊した『国民新聞』の論説委員でもあったが、徳富蘇峰は、『近世日本国民史』で、秀吉の朝鮮出兵に同行した者の見聞録を紹介しているという。そこには、『キリシタン大名、小名、豪族たちが、火薬がほしいばかりに女たちを南蛮船に運び、獣のごとく縛って船内に押し込むゆえに、女たちが泣き叫び、わめくさま地獄のごとし』と書かれているという。

秀吉の側近だった大村由己《ゆうこ》は、秀吉の『伴天連追放令』の目的は、日本人奴隷売買の禁止であったと明確に指摘している。

著書にこれまで何度も書いたが、日本は万世一系の天皇が君臨される、世界で最も長い王朝の国である。神話が、二十一世紀まで連綿と続いている国柄なのだ。これは、易姓革命の支那とは、まったく違う。同様に、西洋諸国とも違う。何が違うか。それは、ひとつの王朝がずっと続いている程に、その徳性が保たれてきた国であるということである。

易姓革命が度々起こるということは、言ってみれば、徳を度々失っているということでもある。ところが、日本は、神話の時代から神聖なる天皇が、徳治をされてきたため、歴史的に極めて徳性の高い国であってきた。

戦国時代の最も乱暴と恐れられた武将の信長でさえ、敵を攻撃する前に、女や子どもを避難させるように勧告を出している。

あまり徳が高い育ちとは思われない秀吉ですら、伴天連に対する様々な対応は、充分に節度と配慮のあるものであった。

むしろ、野蛮であったのは、伴天連ではなかったか。「神」の意志を大義名分に、奴隷売買にまで手を染めた。はたして野蛮なのは、異教徒か、キリスト教徒であったか。

キリスト教徒は、全世界で異教徒の大虐殺、奴隷化を実践してきた。その史実を糊塗することはできない。

第五章　白人キリスト教徒による世界侵略と有色人大虐殺

共栄をめざした日本の海外進出

豊臣秀吉は、一五九二（文禄元）年に、征明軍を起こした。

同年に秀吉は、「異国渡海の朱印状」というものを発行している。朱印状を持った船は、貿易のためにフィリピン、ベトナム、タイ、カンボジアなど東南アジア各地に進出している。このため、当時すでに、こうした地域に「日本人町」ができていた。

京都の清水寺には、朱印船の絵馬が重要文化財として残っている。一六三二年に奉納された末吉船と、一六三四年に奉納された角倉《すみのくら》船である。大阪の豪商・末吉家と京都の角倉家のものだ。驚くべきは、そこに「東京」と漢字で書かれている。江戸時代初期のことだ。「東京」は、ベトナム北部にあった日本人町である。トンキンと呼ばれた。奉納の絵馬の日付は、寛永拾一年九月吉日とある。

海洋民族の日本人は、安土桃山時代から海外に進出していた。

京都の角倉了以《すみのくらりょうい》は、ベトナムとの交易に従事した。生まれは一五五四年で、没年は江戸幕府開幕のわずか十一年後（一六一四年）である。

了以の子の与一も、海外での交易に専心した。与一は、「回易は、有と無とを通じて、自他を利すること。人を損なって己を利する道ではない。利を共にすれば、それが小であっても、また大となす」と書いているという。

相互共益の経済活動の理念であり、今日でもその理念で海外貿易を推進することは、大いに結構なことである。

日本は海洋国家だから、東南アジア諸国と、そうした共栄のための経済提携を結ぶことは、当然の成り行きでもある。アジア太平洋地域での経済協力・経済提携と言っても良い。当時すでにベトナムには、日本人町がつくられていた。今も日本風の家屋や、日本人の墓、ホイアンには、「日本橋」も残っているという。

農耕民族的な日本人と狩猟民族的な白人キリスト教徒

日本人は「農耕民族型」。白人キリスト教徒は「狩猟民族型」だ。もちろん、あくまでアナロジーである。イギリス人も、フランス人も、オランダ人も、ドイツ人も、アメリカ人も、「我が国は農業国でもある」と言うだろう。日本人だって、縄文時代は狩猟生活もしていたし、戦国時代は領地の争奪戦を繰り広げていたではないか、と反論する人もいるだろう。だから、これは比喩として使う。

そうは言っても、日本人の中には、「農耕民族型」の思考や行動、あり方が、傾向性として強く感じられる。

それは、神話に由来するのかもしれない。

皇室の祖霊神である天照大神が、皇孫ニニギノミコトに稲穂を授けて、国を治めるように「神勅」を下された。歴代天皇は、そうした伝統を尊び、今日に至っても皇居内で、「お田植え」の神事を執り行う。

八百万の神々が、共生している日本の神道も、定住型の共同体を彷彿させる。神々が、「神議《かんばか》り」と言って、話し合いで物事を決めるとか、知恵のある長老の意見を伺うといった社会の姿にも、農業を共同作業として行っていくような姿がある。

漁業は、もう少し様相が異なるかもしれないが、共同作業という点では、似たような面もあっただろう。海は、より開放的で、陸地のように領域が限定されてないからだ。

ところが遊牧民族などは、違う。モンゴルの遊牧民族などは、餌を求めて新たな土地へと移動する。必然的に、定住している民族と争いともなる。しかし生存のためには、「侵略」的になることが必然になってくる。これは、生存の理由からだ。

一方で白人キリスト教徒は、極めて侵略的で、「狩猟民族型」の行動様式を展開した。なぜ、そうなったかと言うと、そこに「宣教的使命」があったからだ。布教であるが、これが仏教とともまったく違う。仏教は、「多神教」だ。様々な仏が共存・共栄している。曼荼羅の世界観である。つまり、日本の神道もそうだが、そこには、異なるものを相互に受け入れる要素が、基本的にある。もちろん、宗門宗派の対立などはあろうが、少なくとも住み分けするような側面が残されている。

一時期、創価学会が大批判を受けたことがあった。私の『目覚めよ！日本』という植田剛彦氏との対談本を出版した日新報道は、『創価学会を斬る』という藤原弘達氏の著書を出版したことで知られる。なぜ創価学会が批判を受けたかと言えば、まるで「一神教」のように強烈に排他的な布教をしたからだ。日本人は、そこに抵抗感を感じた。排他的、独善的に過ぎたからである。もっとも、開祖の日蓮上人も、信念の布教師だった。遡ると釈尊も、「天上天下唯我独尊」と言ったというから、その意味では強烈な宗教的信念は、共通している。

しかし、仏教は、思想の中に、平和的要素がある。神道には、戦う「武」の側面もあるが、それは平和の樹立のためで、相手を殲滅したりしない。むしろ天津神は、国津神という敵対した相手を、尊んでたてている。「国譲り神話」や出雲大社の建設などに、そうした姿勢が如実に現れている。

異教徒は、殲滅する教え

ところが、白人キリスト教徒の宣教というのは、その程度のことではない。

高山正之氏の指摘のように、聖書の『民数記』では、神が「異教徒は皆殺しにしろ。処女のみ分かち合え」と言うぐらいである。しかも、大聖者のモーゼが、その神の言葉を、そのまま絶対的な命令のように、信徒に伝えている。神の命令としてだ。これでは、その神を信じるなら、異教徒は大虐殺をしなければ、信仰心があるとは言えなくなる。

幸いなことに、クエーカー教徒は、聖書を読むが、聖書を絶対のものとして盲信したりしない。いい意味で、なぜ神はそのように、その時言われたのかと、考えてみたりする。例えば、犯罪者が人質を取って次々とその人質を殺している時に、「殺人は違法」とする法の正義に立つ警察官が、犯人を射殺するのは、良いことか、悪いことか。或いは、武装した強盗が、侵入してきた時に、武器を取って応戦するのは、悪か。

国際法で、独立主権国家には、国権の発動たる戦争をする権利が与えられている。これは、悪か、それとも善か。それとも、どちらとも言えないのか。時と場合によるのか。

白人キリスト教徒の歴史は、しかしながら、「異教徒は、殺す」という思想が、根底で息づいていたと言わざるを得ない側面がある。これは、「それで正しかった」と今だに思っている原理主義者も、「それはキリスト教の負の歴史」と考える者も、どちらも認めざるをえない史実であろう。

特に、いまから千年前に、文明を謳歌していたイスラム世界に対する、キリスト教徒の「十字軍」は、世界史における白人キリスト教徒の大虐殺、異民族殲滅の事例とも言えよう。

キリスト教十字軍の誇り

翻訳者の藤田氏は、一九八〇年代の初頭に、CCCという青年団体の国際会議で電通事務局付の通訳を務めた時にショックを受けたことがあるという。KKK（クー・クラックス・クラン、白人キリスト教徒の黒人差別主義団体）ならぬCCCは、クリスチャン・クルセード・フォー・クライストの略だ。日本語に訳せば『キリストのためのキリスト教徒十字軍』となる。藤田氏がショックを受けたというのは、彼らが『十字軍』に誇りを持っていたことだった。アメリカを中心に十代から二十代の若い青年たちがメンバーだったが、世界二十五都市を、衛星中継で結んでライブで国際大会を行っていた。

キリスト教徒は、一〇九六年の第一回十字軍でエルサレムに入ると、騎士たちはユダヤ人やイスラム教徒のアラブ人など、異教徒を皆殺しにし、女性はレイプした。

エルサレムは、ユダヤ、キリスト、イスラムという三宗教の聖地である。ユダヤ教徒には、「嘆きの壁」がある地であり、キリスト教徒にとっては、イエスの死と復活の聖地でもあった。イスラム教徒にとっては、マホメットが昇天した伝説の地でもある。

キリスト教「十字軍」とは、イスラム帝国の支配下にあったエルサレムを奪還するために、ヨーロッパの諸国が連合軍を結成し、約二百年にわたって七度の「遠征」を行ったものである。

一方のイスラム帝国は、スペインから地中海に接する北アフリカ全域、アラビア半島から、さらに西アジア、中央アジアまで広がっていた。マホメットの死後にカリフ（後継者）が、「コーランか、貢納か、剣か」（改宗するか、納税するか、殺されるか）という聖戦を展開した結果だった。納税をすれば、信仰の自由、生命・財産は保障された。この方針は、被征服民にも歓迎されたため、イスラム世界は、巨大な帝国となったのだ。

十字軍を主導したのは、フランスだった。もともとは、ゲルマンの一部族のフランク族が、五世紀にフランク王国を建てた。八世紀後半、カール大帝の時代に西ヨーロッパのゲルマン民族をほぼ統一した。そして西ローマ帝国の後継者としてバチカンのローマ法王によって戴冠され、キリスト教王国となった。

しかし、九世紀半ばになると、フランク王国は、西フランク（フランス）、中部フランク（イタリア）、東フランク（ドイツ）に分裂する。そして、九六二年のオットー一世の戴冠により、神聖ローマ帝国が正統なキリスト教を保護するローマ帝国として成立、一八〇六年にナポレオンに滅ぼされるまで続いた。

十字軍は、エルサレムを占領し、「エルサレム王国」を建国したが、イスラムの英雄サラディンによってすぐに滅ぼされてしまった。

ポルトガルとスペインによる世界侵略

十五世紀に、ヨーロッパ各国がアジアに魅了されたのは、香辛料だった。しかし、東西貿易は、オスマン帝国が独占していた。そこで、なんとか新たな「海のルート」を開拓しようと最初に動きだしたのが、ポルトガルだった。一四一八年に、最初の探検隊がアフリカ西海岸に到達した。その後、一四三四年にポジャドル岬、一四四五年にベルデ岬、一四八八年には、アフリカ南端の喜望峰に到達した。そして一四九九年に、ついに喜望峰を回ってヴァスコ・ダ・ガマがインドに到着した。インド航路の発見により、ポルトガルには莫大な富がもたらされた。

一四五一年にイタリアで生まれたクリストファー・コロンブスは、西回りでアジアに到達したいと考えた。当時、既に地球は丸いと考えられていたので、ヨーロッパから西へと進んでゆくと、アジアに到達すると考えられ、また地図もそう描かれていた。ポルトガル王に、西回り航路の探検を提案したが、ポルトガルは東回りのルートで既に莫大な利益をあげており、コロンブスの提案は、国王に拒絶されてしまった。そこで、コロンブスはスペイン王室の援助を受けて、西へと航海し、ついに「インド」に到着、西回りの航路を発見した。コロンブスは、死ぬまでインドに到着したと確信していた。

その後、世界一周を達成したのは、フェルディナンド・マゼランが始めた航海だった。しかし、マゼランは、実際は、世界一周を達成していない。一般にマゼランは「世界一周」の航海へ出発したが、その途中で土人に殺されたことになっている。

マゼランは、なぜ殺されたのか

マゼランについては、これまでも本に書き、講演で話してきたが、象徴的な出来事なので、彼の死について本書でも繰り返す。

マゼランはポルトガルで生まれ、二十五歳のころ、東回りの遠征隊に参加してマレーまで到達している。その後国籍をスペインに変えて、旗艦トリニダッド号と五艘の艦隊と二三七名の隊員を率いて一五一九年九月二十日、西回りの遠征に出発する。

平和な大洋「パシフィコ」と自らが名付けた大海を三カ月と二十日かけて渡り、一五二一年三月十六日の夕方に遂にフィリピンに到着した。その日はレイテ湾の入り口にあるスルアン島に錨を降ろした（ちなみにこのアンカレッジ、つまり投錨地は、その四百二十三年後の一九四四年十月十七日に米軍がフィリピンの日本軍を攻撃するための再上陸の最初の地点としている）。

マゼランは翌日、レイテ湾に浮かぶオモンオン島に上陸、二十八日にはリマサワ島に上陸し、復活祭の日曜日である三十一日には「最初のミサ」を挙行している。

その日の夕方、海を見下ろす丘の上に十字架を立て、マゼランはフィリピン諸島を「サン・ラザルス諸島」と命名した。フィリピンに到着した三月十六日が聖ラザロの安息日であったのがその理由だ。

聖なる使命の儀式がひと段落したのであろう、四月七日、マゼランはセブ島に到着、沖合から一斉に大砲を発射した。武力による威圧で、その日のうちにセブ王フマボンと同盟関係を結ぶと、一気にキリスト教の布教を開始した。一日でフマボン王妃、皇太子を含め八百人余、数日のうちに二千二百人余の洗礼が行われた。

セブ島を攻略できたマゼランは、さらに近くの小島マクタン島へと触手を伸ばす。マゼランはセブ王に、もしセブ王に刃向かう者があれば、共に戦うと約束していた。

セブ王に従属するようにとのマゼランの通達に対してマクタン島のラプラプ酋長は、「私はいかなる王にも、いかなる権力にも従わないし、貢物もしない。もし我々に敵が向かって来るなら、我々もまた竹と棒で対抗する」と言って受け入れなかった。

怒ったマゼランは、部下六十名とフマボンの手下一千名を率いて四月二十六日の真夜中にマクタン島へ向かった。浅瀬と珊瑚礁のため海岸へ近づけないので、翌朝、マゼランは四十九名の銃兵を従えて海岸に近づき、一斉射撃を行った。

ところがラプラプ軍は一向にひるまない。銃声の度に盾で防ぎ、弾丸をよけながら矢を放った。そこでマゼランは、彼らの民家に火を放った。

これがかえって勇猛なラプラプ軍の勇士の魂に火をつけ、さらにラプラプ軍の攻撃は激化した。そしてついに一本の毒矢がマゼランの右足を貫き、これが致命傷となりマゼランは最後を遂げた。最後のとどめはラプラプがマゼランの首を切り落としたという。

一般的な歴史の記録では、世界一周の快挙に挑戦したマゼランは、太平洋を横断しフィリピンに至って土人に殺されたという話になっている。しかしこれは西欧の世界史から見た史観である。フィリピンの歴史の教科書の書き方は異なる。

「マクタンの戦いは、フィリピン人が外国の侵略者から島の独立を守ることに最初に成功した重要な記録である」

その後フィリピンでは、スペインが三百数十年間（一七六二年より二年間はイギリスの支配下）植民地支配をした。一八九八年八月十三日の米西戦争でスペインがアメリカに降伏、十二月十日にパリで条約が締結され、フィリピンはアメリカに割譲された。それ以降の四十数年は、アメリカがフィリピンを支配した。

「黒い伝説」と呼ばれるもの

ローマ教皇の仲裁によって、一四九四年、ポルトガルとスペインは、スペインが「新大陸」における「征服権」を持つことで条約調印をしている。「トルデシリャス条約」と呼ばれ、新たに征服される土地と住民はスペイン国王に属することを定めた。スペイン国王の代行者は『パシフィカドール』と呼ばれ、条約に基づいて先住民を服従させるか鎮定した。もちろん「パシフィコ」は、平和という意味だ。つまり、意味の上では、平定者ということになる。この条約により、スペインは、ポルトガルやイギリス、フランスによるアメリカ大陸の侵略より虐殺性が強いものとなった。

トルデシリャス条約により、スペインによるアメリカ大陸制圧を担った者は、『コンキスタドーレ（征服者）』と呼ばれた。

翻訳者の藤田氏によると、スペインによるアメリカ大陸の制圧については、「黒い伝説」と呼ばれるものがあるという。次のような内容だ。

「コンキスタドーレたちの初期のアメリカ大陸での基本方針は、レコンキスタによってスペインからイスラム勢力が消滅した後に生じたキリスト教の布教に対する宗教的情熱と、金銀財宝を収奪することにあった。コンキスタドーレたちは、マヤ文明、アステカ文明、インカ文明などアメリカにもともとあった文明を滅ぼし、金銀など莫大な富をスペインへと持ち去った。

多くの原住民（インディオ）が虐殺され、女性は強姦された。またスペイン人からもたらされた疫病により、大量の死者が出た。

キリスト教への改宗事業が進み、多くの町、建物、改宗者の名前がキリスト教由来のものとなった。

略奪された富は、スペイン王侯貴族の贅沢や、オランダ、イギリスなどとの戦費に費やされた。そうして流出した富は、奴隷制によるプランテーション、大西洋での三角貿易を通じてオランダやイギリスが富を蓄積することつながった。

スペインは南米侵略以降、暴虐の限りを尽くし、サント・ドミンゴ、プエルトリコ、ジャマイカ、キューバなどを征服し、原住民およそ百万人を殺すか、病死させるか、奴隷にした結果ほとんどが絶滅してしまった。

また、インカ帝国、マヤ帝国、アステカ帝国は、スペイン人の植民地政策による虐殺や疫病により人口が激減し、例えば最大で一六〇〇万人が存在していたインカ帝国の人口は一〇八万人に減少、アステカ帝国では、征服前の一一〇〇万人（或いは二五〇〇万人）とされた原住民人口が、一六〇〇年の人口調査では、一〇〇万人程度にまで激減した」

この「黒い伝説」と呼ばれるものは、政治的プロパガンダとされているそうだが、基本的に史実に即した内容である。

帝国を築く礎《いしずえ》となった海賊たち

こうしたポルトガル、スペインの植民地争奪戦に、海賊を使って勝ったのがイギリスだった。

フランシス・ドレイクは、西インド諸島、チリ、ペルーなどでスペイン船を襲って、財宝を奪う海賊だった。一五八〇年には、太平洋を横断して、喜望峰回りでイギリスに帰国し、マゼラン隊に続き、史上二番目に世界一周の航海に成功している。帰国後、ドレイクはエリザベス女王陛下に略奪した金銀財宝を献上したが、その額は、イギリスの国家歳入を上回っていた。

スペインのフェリペ二世は、ドレイクを処刑するよう抗議の使者を送ったが、エリザベス女王は、その使者の目の前で、ドレイクに騎士の称号を授与して見せた。

激怒したスペインのフェリペ二世は、イギリスに報復の戦争を仕掛けた。一五八八年のアルマダの海戦である。

スペイン語で「アルマダ」は、「海軍」或いは「艦隊」を意味する。当時スペイン海軍は、無敵艦隊を誇っていた。ドーバー海峡で、イギリス海軍と戦火を交えたアルマダは、イギリス海軍を、その戦力で圧倒した。しかし、一千トン級の大型艦船のアルマダを、機動力のあるイギリスの小型艦隊が次々と撃沈し、ついに五十四隻となってしまった。アルマダの大敗だった。その時、イギリス艦隊を指揮していたのがフランシス・ドレイクだった。つまり、ロイヤル・ネイビーが世界の七つの海を支配するはじまりは、海賊だった。しかし、このアルマダの海戦の大勝利によって、イギリスは制海権を手に入れ、一方のスペインは植民地支配とその搾取に於ける優位を、失うことになった。

イギリスがこの「アルマダの海戦」に勝利する三年前の一五八五年、イギリスは北アメリカに植民地を建設しようとした。当時、スペインはカリブ海（西インド諸島）が拠点で、中央アメリカのアステカ帝国、インカ帝国を滅ぼしていたものの、北アメリカには手をつけていなかった。

その野望を実現させたのが、サー・ウォルター・ローリーだった。ローリーはエリザベス女王の寵愛を受け、金銀財宝を女王から与えられていた。女王は、タイガー号という船と四百ポンドの火薬を下賜した。しかし、遠征費用は、裕福な商人から投資を受けた。その条件は、北アメリカに向かう途中でスペイン船を襲撃し、その戦利品を分配することだった。つまり、海賊行為である。

遠征隊の司令官には、リチャード・グレンヴィル、植民地総督には、ラルフ・レーンが任命された。一五八五年の六月中旬に、遠征隊は、プエルトリコを経由して北アメリカの海岸に到着した。グレンヴィルは、そこから北へ百キロほどの地点にあるロアノーク島を入植地とすべく、調査を始めた。その際にアクアスコゴク村で銀製のカップが紛失したことを理由に、グレンヴィルは、復讐として原住民の集落に火を放った。最後に訪れたセコタン村には、完全武装で入ったものの、歓迎されて酋長に饗宴にも招かれた。最終的にロアノーク北東部に定住を決め、総督に任命されたラルフ・レーンの指揮で、要塞の建設に取り掛かった。住居の他にも、次々と教会を建て、さらに倉庫、武器庫、家畜小屋、牢屋を建設した。

入植地の酋長はウィンジナと言った。ウィンジナと原住民は、魚を取る罠を仕掛けるのを手伝ったり、トウモロコシを分け与えたりしたが、冬になると食糧に窮するようになった。ウィンジナ酋長が入植者を追い出そうとしていると耳にしたラルフ・レーンは、一五八六年六月一日、先制攻撃を仕掛けた。ウィンジナらは虐殺され、入植者は助かった。六月十日、サー・フランシス・ドレイクの艦隊が植民地を助けるために到着し、入植者たちは救出された。艦隊は、嵐の到来を回避するためすぐにイギリスへと戻ったため、最初の入植は失敗に終わった。

清教徒《ピューリタン》の「マニフェスト・デスティニー」

一九九二年にオックスフォード大学出版局から出された『アメリカン・ホロコースト』（D・スタナード著）という本がある。

内容はタイトルからも容易に推察できるが、南北アメリカの原住民を、白人キリスト教徒が大虐殺したという学術研究に基づく内容だ。

著者のデービッド・エドワード・スタナード博士は、一九四一年ハワイ生まれで、ハワイ大学でアメリカ学を教えている。エール大学で修士号、博士号をアメリカ学で取得。母校のエール大学はもとより、スタンフォード大学、コロラド大学、ハワイ大学で教鞭をとった他、アメリカ国内のみならずアジアやヨーロッパでも講演をしている。

著書の『アメリカン・ホロコースト』は、ロサンゼルス・タイムスはじめ多くの書評で高い評価を受けている。

新大陸へのヨーロッパ人の侵略が、一億人以上のアメリカの原住民を死に追いやった。もし生きていれば、アメリカも広々として人口の少ない大地ではなかったろうと指摘する。疫病に喘ぐ欧州と異なり、「新大陸」は平和と調和に満ちていた。スペイン人をはじめとするヨーロッパ人は、その「新大陸」に、世界史上最大の大殺戮《ジェノサイド》という災厄をもたらした。疫病、殺人強奪、奴隷化、そして虐殺《マサカー》の結果だった。もちろんコロンブス以前のアメリカ原住民の部族間抗争もあったが、コロンブス以前の原住民の人口の多さを考えると、スペイン人による残虐行為《アトロシティー》があったことは明らかだと、著者のスタナード博士は訴える。学術的研究と証拠に基づく論証だ。

そもそも北米、中米、南米に住んでいた人々は良く似ている。日本人にも、良く似ているのだ。モンゴロイドが太古に移動して、エスキモーやアメリカの原住民になった。彼らは、一様に大自然と共生する価値観を持ち、いたずらに殺生をしない。必要な食糧は、狩猟で得たにしても、そこには共に大自然の中で分かち合って生きているというような意識が強い。これは、日本の縄文人や日本固有の信仰である神道に、極めて近い価値観だ。

そこに、独裁的な神の使命を掲げる人々が、排他的な開拓精神で席巻した。神の教えを信ずる者のみが、存在することを許される。異教徒は、殺してかまわないという思想だ。

アメリカ合衆国を建国した清教徒たちは、「神から与えられた明白な使命《マニフェスト・デスティニー》」によって、西へ、西へと、進んでいった。それまで、そこに住んでいたアメリカの原住民を、次々と虐殺しながらである。しかし、その数一億人とは、凄まじいものがある。日本の人口と同じだけの「インディアン」や「インディオ」を大虐殺して建国したのが、アメリカ合衆国や中南米の白人キリスト教国なのである。

白人キリスト教徒にとって、異教徒の野蛮人を駆逐することは、神を崇める清らかな《ピュアー》人々の天国世界を、地上に実現することでもあった。「人民の人民による人民のための政治」と言うが、日本人は政治家から知識人、一般大衆まで、その部分しか知らない。その有名な言葉の前提は、何であるかを、まったく知らずに引用している。この宣言は、「神の下で」という前提がつく。つまり、「異教徒は、殺せ」という「明白な使命」を下命した、その神の意志を実現する人々のデモクラシーであって、それ以外の何物も意味しない。異教徒も有色人種も、神を信じ崇めない限りは、民主主義に参加する権利はないのである。これが、真実だ。少なくとも、それが本質だ。

アメリカは、このような動機に駆られて、東海岸《イースト・コースト》から西海岸《ウエスト・コースト》へと、「西部劇《ウエスタン》」を実行していった。ドラマや映画では、つい数十年前までは、白人のガンマンが正義の味方で、残虐非道なのはインディアンと相場が決まっていた。無法者《アウトロー》でさえ、人間扱いをされるのは白人だった。

北米でも南米でも、「インディアン」「インディオ」たちは、バッファロー狩りと同様に、スポーツ・ハンティングの「獲物」にされた。若い女性の原住民は、強姦されて殺された。原住民の女性たちは、写真を見ると日本人にもとても似ている。

鎖国はキリスト教徒の横暴を阻止するためだった

秀吉が一五八七（天正十五）年に発令した「バテレン追放令」は、南蛮貿易はそのままに、キリスト教の布教のみを禁じたものだった。実質的には宣教師たちも活動ができ、独善的、排他的、破壊的な布教を禁じただけだった。キリシタンも迫害されることはなかった。

一五九六年七月、スペイン船のサン・フェリペ号は、メキシコを目指してマニラを出港した。しかし、東シナ海で台風に襲われ、四国の土佐沖に漂着した。船には、船員以外に、七名のキリスト教の司祭が乗船していた。

詳細は省くが、船員たちは幽閉された上で、所持品の提出を求められ、さらに秀吉の書状によって、「スペイン人たちは海賊であり、ペルー、メキシコ、フィリピンを武力制圧したように日本でもそれを行うため、測量に来たに違いない。このことは都にいる三名のポルトガル人ほか数名に聞いた」と、告げられたという。

このサン・フェリペ号事件が発端となって、秀吉は十二月八日に、再度「禁教令」を発令した。さらに、イエズス会の後に来日した「フランシスコ会」の宣教活動が、禁教令に対して挑発的であるとして、京都奉行の石田三成に命じて、京都に住むフランシスコ会員とキリスト教徒を捕縛して磔の刑を科した。

秀吉は、キリスト教徒が最初は宗教の布教をしているが、いずれは武力による軍事侵略をすると聞き及んでいた。実際に世界に於ける白人キリスト教徒の罪状は、前述した通りで、戦国武将の秀吉が、天下統一、天下太平にとって、キリスト教の侵入、侵略を脅威に感じたとしても不思議はない。

秀吉は、「太閤検地刀狩」で有名である。秀吉以降、日本では武器所有に厳しい制限が定められ、それは今日まで至っている。アメリカ社会は、「銃で身を守る権利」を、一民間人までが主張して止むことはない。その遠因は、白人キリスト教徒の大虐殺にある。アメリカ市民は、武装しなければ、いつ復讐されるかもしれない恐怖を感じて、歴史を生きてきているのだ。

白人キリスト教徒が、異教徒を大虐殺している情報は、徳川幕府にも次第に入ってきていた。そうした中で、段階的に、徳川幕府は「鎖国」へと外交政策をシフトしてゆく。もっとも完全な鎖国ではなく、長崎・出島に限定し、明、朝鮮、オランダなどと交易をしていた。「鎖国」体制は、第二代将軍の秀忠が着手し、第三代将軍の家光によって完成された。

三代将軍家光に、キリスト教徒の脅威を痛感させたのは、やはり何と言っても「島原の乱」だった。四万弱の農民の反乱に対し、幕府の正規軍は十二万であったが、鎮圧に四カ月を要している。単なる暴徒を鎮圧するのに、正規軍が四ヶ月を要するというのは異常事態である。相手が正規軍と同等の軍事力を有していたことになる。それは、農民が幕府軍と戦闘できるだけの武器を有し、その使用に熟達していた背景があったからだった。

さらに問題だったのは、八つの村の農民が同調して、「寺社を焼き払い、僧侶を殺害」し、また「キリシタンにならない村民の家を放火」したことだ。

翻訳者の藤田氏によると、「信仰の取締りに赴いた代官の林兵左衛門を切り捨てた後、村々へ廻状を廻し、代官や『出家』『社人』（下級神官）らをことごとく打ち殺すように伝達した為に、僧侶、下級神官や『いきがかりの旅人』までが殺された」（『佐野弥七左衛門覚書』）などといった記録がある。

そうした記録の中には、「デウス様が異教徒を殺害せよと聖書で述べている」といった農民の言辞まであるという。

これは、島原・天草という限定した地域であったから良かったものの、こうした破壊的な信仰が日本全国に広まれば、由々しき事態である。

徳川幕藩体制が、経済的な利益を切り捨てても、「鎖国」に踏み切ったのは、キリスト教が国内に広まる脅威に歯止めをかけるためだった。

第六章　「レイプ・オブ・江戸」と明治維新

「黒船」来襲が象徴した侵略と虐殺

評論家の宮崎正弘氏が、興味深いことを言っている。三島事件の直後、林房雄を中心に一群の人たちが、日本浪漫派復刊に向けて馬車馬の如く駆け始めた。その時の様子を、宮崎さんは「えぇーっと絶句するほど、霊的な、不思議な力が働いた。歴史が現世によみがえろうとしていた」と、そう感じたという。私も、三島の霊を、感じることがあった。

告白すれば、拙著『三島由紀夫、生と死』（清流出版）の第一章を書くことは精神的に厳しかった。実際に何が起こったかをひとつひとつ書いていったからだ。文章も練らなくてはならなかったし、事実関係も正確を期さなくてはならなかった。狂気とならなければ、あんな行動を計画することはできない。まるでそれは、儀式だった。

第一章を書くのに、数年を要した。死の場面を抜きにして、この本は完成しなかった。書きあげることができないのではないかと、何度か思った。起こったことの衝撃は、凄まじかった。しかし、三島と共に過ごした唯一の外国人ジャーナリストとして、書かないわけにはいかなかった。「この世の終わり」と書かれた英文の手紙も、自決の一ヶ月ほど前に三島由紀夫本人から私に送られてきた。

三島は、ある意味、私に賭けたのだった。わずかな可能性だったかもしれない。でも、三島は私に賭けた。小さいということは、大きいことだ。私は、責任を痛感した。こんな気持ちをいままで語ったことはない。だが、私はそう感じた。

妻のあき子が芸術の勉強のためにパリへ赴いたので、私はスイスのシャレーに滞在した。チューリッヒの湖に面したとても大きなシャレーだった。タイプライターを持ち込んで、著述の作業に専念した。しかし、書けば書くほど、違うという気がした。

ところがある午後だった。私はいつものように音楽を聞きながら、原稿を書いていた。事実関係は、同じ内容だった。事実関係だから、何度書いても同じ内容になった。ところがこの日の午後は、違った。酔っていたわけでもない。勿論ドラッグを使ってなどいない。コーヒーは、飲んでいた。

突然に、手が自然に動きだして、原稿をどんどんとタイプしていった。まるで見えない手がタイプし、見えない頭が書いているようだった。何かが私に憑依したかのようだった。

何かが働いていた。あっという間に四十ページほどが書きあげられた。原稿を読んで、こうだったのだ、これが実際に起こったことだったのだと心から納得できた。

「原稿が書けた」とそう思って、立ち上がって窓の外を眺めると、そこにはスイスの緑の山々が見渡せた。近くの山の斜面には、りんごの木が生い茂っていた。驚いたことに、その木々が踊りだしたのだ。私は、ただそういうことが起こっている、とそう受け止めた。ヴァン・ゴッホが、プロヴァンスの風景画で描いたような風景だった。ヴァン・ゴッホが体験した風景のことも即座に理解できた。半分あちらの世界にいるような、そんな感覚だった。あまり人間が、幾度も体験できるものではない。そんな体験をした。

その感覚は、数時間ほど続いた。もしかすると数分か、或いはもっとわずかな瞬間だったかもしれない。思い起こすと数時間にも思えるが、実際はわずかな時間だったのかもしれない。木が踊っていた。フランスの小説家バルザックは「書くということは、書き直すことだ」と言っているが、私はその原稿には、これまで一度も手を入れていない。一語一句たりとも校正を入れていない。

三島が黒船を嫌悪した理由

もう十年近く、私は『黒船』について本を書こうと研究してきた。外国特派員協会の部屋で、黒船について書かれている本を読んでいると、ふっと三島が傍らにいるのを感じたことも何度かある。三島が、黒船について書こうとする私に、いろいろと介入してくるのだ。それが理由でというのではないが、『黒船』はまだ書きあげていない。ニューヨークの出版社が出版してくれることになっているが、まだ原稿ができていない。

私は、ペリーの黒船艦隊の来襲を、『レイプ・オブ・江戸』と、そう認識している。二百六十年にわたり平和を保った江戸時代は、武士道を精神性を高める哲学にまで昇華し、庶民文化を繁栄させてきた。

その江戸時代の日本を不法に侵犯したのが、ペリーの黒船だった。その西洋列強、そしてアメリカの有色人種に対する横暴、侵略、搾取。そうした姿を、三島由紀夫は「黒船」に象徴させていたのだろうと思う。

三島は、私が「黒船」という旅館に泊まっていると答えたとき、嫌悪を露わにしたことがあった。

「どうしてそんなところに泊っているんだ」と、声を低く下げて三島が尋ね、さらにもう一度、「どうしてそんなところに泊っているんだ」と、質問を繰り返した。

いま私は、「ゆきお、君がなぜ不機嫌になったのか、いまやっとわかるようになった」と、そう伝えたい。

日本が、マッカーサーの『連合国戦勝史観』によって、「侵略戦争を起こした」とか、「犯罪国家だった」とか、「南京大虐殺があった」とか「慰安婦は性奴隷だった」と糾弾され続けている限り、君の憂国は、終わらない。

私は、いま、その『連合国戦勝史観の虚妄』であることを、世界に英語で訴えようとしている。今年の夏に、アメリカの出版社、ユニヴァーシティー・プレス・オブ・アメリカから、私の『英国人記者が見た連合国戦勝史観の虚妄』が、出版される。

平和な日本に突如として現れた「外夷」

ドナルド・キーン氏は、私の親しい友人だ。キーンには、『エンペラー・オブ・ジャパン』(邦訳『明治天皇』上巻、下巻、新潮社)という大著がある。膨大な史料を渉猟してまとめあげた厚さ十センチほどの本だ。維新前後の宮中の様子が、よく描かれている。

その中の『孝明天皇紀』に次の見出しが出てくる。弘化三(一八四六)年八月二十九日のことである。

「二十九日異国船渡来の状京師に聞ゆ因て海防の勅を幕府に降す」

キーンは、「過去数百年の歴史の中で、時の天皇が初めて国の外交方針に関して意見を表明したのだった。外国の侵略の脅威を知った満十五歳の孝明天皇(或いはその側近たち)の側に、極度の狼狽があったことを示しているようである」と、コメントしている。弘化四(一八四七)年四月二十五日の項の見出しは次のようなものだった。

「二十五日石清水《いわしみず》臨時祭参議《さんぎ》藤原定祥を以て勅使と為す特に外艦来航の事を以て四海静謐を祈らしむ」

キーンは、「これは、日本から外国の侵略者を排除するにあたって何度も神々に助力を求めることになる孝明天皇が捧げた最初の祈願となった。(略)孝明天皇が、外国人(或いは、もっと厳密には西洋人)の出現を神々の国に対する許しがたい侮辱と考えていたことは間違いない。ここで『外艦』と言っているのは、恐らく前年夏に江戸湾に入港したジェームズ・ビドル提督率いる二隻の米国軍艦のことである。ビドル提督は浦賀奉行に交易を求めたが、不首尾に終わった。同じ弘化三年に、フランス軍艦一隻も日本に来航している。孝明天皇は石清水八幡に捧げて宣命《せんみょう》の中でこの二回の来航に触れ、もし外国船が再び日本を訪れるようなことがあれば八幡大菩薩よ、風波を起こして敵を打ち払い、国の安泰を守りたまえ、と祈願している」と、そう論述している。

孝明天皇は、弘化四（一八四七）年九月二十三日、数えで十七歳となり、紫宸殿《ししんでん》で即位の大礼を行い、続いて大嘗祭、和歌御会を行った。

そして嘉永五（一八五二）年から「明治天皇紀」が始まる。祐宮《さちのみや》、後の明治天皇がご生誕遊ばされたからである。しかし、時代は、風雲急を告げていた。

黒船来航に動揺する幕府と朝廷

嘉永六（一八五三）年、ペリー提督率いるアメリカ合衆国東インド艦隊が、米国大統領から日本政府に宛てた国書を携えて来航した。

キーンは、当時の宮中の様子を、次のように論述している。

（ペリーの来航を）京都は何もしらなかった。御所では、漣《さざなみ》も立たないような静かな日々が流れていた。五月五日、幼い祐宮《さちのみや》の端午の初節句が祝われた。皇子には数々の幟を始めとして、兜、長刀など勇ましい玩具が贈られた。この時期、祐宮は祖父中山忠能の家に住んでいた。しばらく皇子に会っていなかった孝明天皇は、しきりに祐宮との対面を望んだ。

（略）五月二十七日、祐宮は参内した。天皇からは菊車曳人形を賜り、女御《にょうご》から玩具を戴いた。

その五日後の六月三日（新暦では七月八日）に、ペリーの艦隊四隻が浦賀に入港した。浦賀奉行所与力《よりき》の中島三郎助は、通詞の堀達之助と旗艦サスケハナに近づき、堀が英語で士官と交渉し、登艦を許された。

中島が退去命令書を渡すと、ペリーは副官を通じ、「日米通商条約を結ぶべく大統領の国書を持参した。日本を代表する者にしか渡せない」と返答した。

翌日、奉行と偽って浦賀奉行所与力の香山栄左衛門が、サスケハナのブキャナン艦長らと会い、「浦賀は外国人応接の場ではない。長崎に回航してほしい」と、伝えた。これに対し、ブキャナン艦長は「日本政府が国書を受け取るに相応しい官吏を直ちに任命しなければ、武力をもって上陸し、将軍に直々国書を手渡す」と、脅迫した。

浦賀奉行の井戸弘道は、米国艦隊の来航を幕府に伝えた。

幕閣の決議について、キーンは、「外国からの国書を受け取ることは国法が禁じている。しかし、もしここで拒めば戦禍を招くことは必定である。この場はしばらく忍耐し、国書を受け取り、米艦が去った後に衆議を尽くして国是を定めることこそ最良の策である」というものであったと、述べている。

九日、浦賀奉行の井戸弘道らが久里浜に赴き、「将軍が目下重病につき、国家の大事を即決するわけにはいかない。翌年に答書を与える」と告げて、ペリーから国書を受け取った。キーンは、こうした一連の事件の経緯は、この時点では、一切朝廷に達していなかった、とも述べている。

十四日、米国フィルモア大統領の国書が、幕府に届いた。老中阿部正弘は、幕閣を集めて衆議を諮《はか》った。しかし、意見は紛糾した。

阿部正弘は、平生より国防に熱心で幕閣から長老として尊敬を集める前水戸藩主の徳川斉昭《なりあき》に使いを出して意見を求めた。斉昭は、米国の要求を斥けて一戦を交えることは難しいと充分承知していたが、外国の要求を唯々諾々と呑むことはできない。「強硬な態度で米国に臨むべし」と回答した。

十五日、幕府は京都所司代《しょしだい》の脇坂安宅《やすおり》を通じて、事の次第を朝廷に伝えた。

孝明天皇は、国を憂い、七社七寺に十七日間にわたって四海静謐《しかいせいひつ》、宝祚長久《ほうそちょうきゅう》、万民安穏《ばんみんあんのん》を祈願されたという。

七月一日、幕府は従来、国政については、一任され決定を下していたが、今回ばかりは大統領の英文国書を翻訳して、各藩の藩主に意見を聞いた。

薩摩藩主の島津斉彬《なりあきら》は、「米国の要求を受け入れることは、幕府の体面を傷つけ、外国からの侮りを招く恐れがある。しかし、今すぐに米国と砲火を交えても、必勝を期し難い。交渉をできるだけ長引かせ、回答を三年延ばすことにしてはどうか。その間に武備を充実させ、民力を養うことによって一挙に『外夷を撃攘する』ことは決して難しくない」という主旨の書状を幕府に提出した。多くの大名が斉彬に共感し、これ以降「攘夷《じょうい》」という言葉が国防を主張する武士の合言葉になった。

朝廷に、大統領国書の翻訳文が届いたのは、七月十二日だった。

その九日後に、「御前会議」が招集された。関白の鷹司政通、議奏の烏丸光政、武家伝奏の三条実万《さねつむ》らが参内《さんだい》した。

キーンは、「驚いたことに、関白鷹司は米国の要求を受け入れることに賛成の意を表した」と、述べている。鷹司の言い分は、「我国は確かに国是として他国との交通を禁じている。しかし、現に清国とオランダとは長年にわたって交易しているではないか。かりに米国との通商を許したとしても、二国が三国に増えるだけのことである。しかし、交易の場は長崎に限るべきである。もし、これを冒すようなことがあれば、その時こそ撃攘すべきである。不幸なことに、我国の武士は剛健の気風を忘れ、怯惰柔弱《きょうだにゅうじゃく》となった。武士が戦の方法を知らずして、外国に戦を挑むが如きは得策ではない。今は交易を許し、貿易の利を収めることこそ肝要である」ということだった。

日本に迫る大国ロシアの脅威

それから一カ月ほど経った八月十七日、今度はE・V・プチャーチン海軍中将率いるロシア艦隊四隻が、長崎に入港した。日露通商に関するロシア政府からの書簡を持参したと、長崎奉行所に告げた。

ロシアの出方を、キーンの論述などを参考に、抜粋・要約しよう。

長崎奉行宛て書簡には、「ロシアは当初、江戸湾に入り幕府と交渉する予定だった。しかしロシア政府は日本の国法を尊重し、外国との通商に指定された長崎港に赴くのが適切と判断した」と、アメリカ艦隊との差を際立たせ、「即ちこれは、ロシア皇帝が両国の友好を強く望んでいる証である」と、書かれていた。長崎奉行は、直ちに、幕府に書簡を送った。プチャーチンは、日本側の返事を暫く待った後に、返答がなければ江戸へ回航すると脅して上海へ出航した。

この時、第十二代の徳川家慶将軍が死去し、老中幕閣は、対応の余裕もなく、議論の末に書簡を受け取ることにした。

書簡は、ロシア外務大臣のカール・ロベルト・ネッセルローデからのもので、樺太（サハリン）の境界線に決着をつけたいとしていた。

プチャーチンは上海から戻ると、幕府の対応が遅れていることに激怒し、五日以内に回答が得られないなら江戸に回航すると脅した。四日後、幕府全権が返事を携えて長崎に到着した。回答は、「国境の画定は時間を要する難事。地図作成も必要で各藩とも協議がいる。開港については、祖宗《そそう》（天照大神と歴代天皇）の禁令に触れる。しかし世界情勢に鑑み、幕府も開国の必要性は認識しているが、朝廷にも奏上、諸大名にも諮問せねばならず、即答はできない。三年から五年の猶予が見込まれる」というものだった。

幕府の対応に業を煮やしたプチャーチンは、樺太南部を除く択捉以北の島はことごとくロシアの領土であると、幕府の全権に告げた。

幕府全権は、反論した。「日本は、かつてカムチャッカを領有していた。千島（クリル列島）、樺太については今さら言うまでもない。翌春にも幕吏を樺太へ派遣し、実情を調査させる所存である。その間、ロシア艦隊は江戸近海を除く日本沿岸各地で必要に応じ薪水の供給を受ければよい。将来、他国と通商を許す時には、ロシアにも同様の措置を取ると約束しよう」

プチャーチンは争わず、春の再訪を約して長崎を去った。

十月二十三日、前将軍家慶の四男の徳川家祥《いえさき》（後の家定）が、天皇から第十三代将軍に任命された。孝明天皇は、武家伝奏の三条実万に勅旨を伝えた。「征夷大将軍たる最も重要な務めは、異国船を打ち払い、衆心を堅固にし、国辱後患《こくじょくこうかん》を残さぬことである」というものだった。

嘉永七（一八五四）年一月十六日、ペリーが再び来航し、開港を強く迫った。

同年三月三日、幕府は孝明天皇に一言の相談もなく、米国と神奈川条約（日米和親条約）を結んだ。

下田、函館の二港を米国船に開港、米国領事を下田に駐在させ、必要に応じ米国船に薪水を供給することを約した。

同年八月二十三日には、日英和親条約も締結された。

そして同年九月十八日、大阪湾にロシア軍艦ディアナ号が姿を現した。前年に来航した老朽艦パルラダ号とはうって変わって近代技術の粋を集めた最新鋭の軍艦だった。幕府は各藩に命じ京都及び周辺の警護を固めさせ、御所より守護し易い大阪城へ孝明天皇を移す意見まで出た。

十月三日、幕府全権とプチャーチンのロシア代表団が下田で交渉を開始した。すると、翌日、大地震が本州全土を襲った。地震は津波を起こし、下田は大被害を蒙った。沿岸の無数の漁民が津波にさらわれ、ロシア軍艦も大きな損傷を受けたが、かろうじて岩に打ち砕かれることは免れた。下田は、地震と津波で完全に破壊された。

京都でも、この最大級の地震は死者を多数出し、家屋を倒壊させた。

激震する安政の日本

京都の朝廷は、この一連の惨禍は、すべて元号に原因があるとして、新たに「安政」を元号として定めた。

改元して安政元（一八五四）年十二月二十一日、幕府全権は、千島と樺太の日露国境確定と交易の交渉に入り、日露和親条約を締結した。具体的には、千島列島の得撫（ウルップ）島と択捉島との間に国境が定められた。樺太については、黒竜江の対岸のラッカ付近までを日本領として我国が統治することとなった。

さらに安政二（一八五五）年十二月二十三日には、オランダと日蘭和親条約も締結した。

安政三（一八五六）年七月二十一日、米国総領事のタウンゼント・ハリスが、軍艦サン・ジャシント号で下田に到着した。ハリスは下田奉行岡田忠養《ただやす》と会見、米国総領事として駐在することを告げた。

一方の岡田は、幕府の指示で、ハリスの駐在の権利を否定し、外国人の日本滞在を禁止する法令を一つ一つ読み上げた。ハリスは、日本駐在は神奈川条約（日米和親条約）に定められた条項に準拠すると主張、結局一カ月待たせた上で、幕府はハリスの下田駐在を承認した。この間ハリスは、起居していた玉泉寺に星条旗を掲げ、そこを米国総領事館と称した。

ハリスの下田到着の二日後に、長崎出島のオランダ全権弁務官ヤン・ヘンドリック・ドンケル＝クルティウスは、幕府に書簡を送り、鎖国政策放棄を進言した。「日本があくまで鎖国政策に固執するなら、世界列強との戦争を招くことは必定」と主張し、同時にキリスト教禁止令を解くよう要求した。さらに外国貿易がもたらす利益に言及し、日本は貿易税利を定め、貿易品の生産を奨励すべきだと説いた。

安政四年二月、ドンケル＝クルティウスは、長崎奉行に警告を発した。

「清国は英国と阿片戦争に敗れ、講和条約によって廈門《アモイ》、広州、上海、寧波《ニンポウ》、福州の五港を開港することになった。清国はしぶしぶ開港したが、その結果、対外貿易で各港は繁栄し、国民は大いにその恩恵に浴した。しかし広州だけが条約に反して開港しなかった。暴徒は英国国旗を引きずり降ろした。このため広州の街は英国艦隊の砲撃を受け、灰燼に帰した。欧米人は、これを清国官吏が理非の判断を誤ったためだと、未だに清国人を嘲笑の的にしている」

そう言った上で、さらに次のように警告した。

「いま、英・米・露・仏は世界の強国である。貴国はいま列強と通商を開こうとしているが、早く古い国風を改めて、和親を実のあるものとし、時勢といっしょになって推移して、世界の大勢に順応するべきだ」

彼の警告した列強の日本への脅威は、事実だった。日本を脅かす最大の脅威は、「外夷《がいい》」で、次第に、「尊王攘夷《そんのうじょうい》」の合言葉が、それこそ無数の憂国の志士たちの口に上るようになっていった。

七月二十四日、幕府は米国総領事タウンゼント・ハリスの度重なる要請に、江戸への出府と将軍への謁見を許可した。ハリスは、オランダ通詞のヘンリー・ヒュースケンを従え、十月七日に下田を出発した。十月二十一日、将軍徳川家定は、大広間でハリスと引見した。幕府諸公が左右に並び、将軍は上段で曲⊠《きょくろく》（禅僧が法衣で用いる椅子）に腰掛けていた。ハリスは、フランクリン・ピアーズ米大統領から「日本国皇帝」に宛てた書簡を老中堀田正睦《まさよし》に手渡した。将軍は、不可思議な所作をし、「両国の交際は、永遠につづくであろう」と、短い返事をしたとハリスの日記に書かれている。

五日後に、ハリスは老中堀田正睦を再訪し、脅しにかかった。

「もし英国が日本との通商条約締結に失敗すれば、日本に戦争を仕掛けてくる恐れがある。

英国海軍はサハリン、蝦夷を苦も無く占領するだろう。現在、英仏連合軍は北京を攻撃中である。もしこれに成功すれば、フランスは朝鮮を、英国は台湾を要求するに違いない。ひるがえってアメリカが望むものは何か。日本との友好関係だけである。もし日本がアメリカを受け入れるならば、アメリカは英仏の日本に対する過重な要求を斥けることが出来る。もし日本と英国との間で戦争が始まるようなことにでもなれば、日本はかならず負けることになるだろう。もし日本が我がアメリカ合衆国との条約に調印すれば、合衆国は日本に対する阿片の禁輸を保証する」

十二月二日、堀田はハリスを役宅に招き、米国と交易関係を正式に結ぶこと、日本に米国公使を駐在させること、下田に代わる港を開くことを承諾すると伝えた。

米国との通商条約の勅許《ちょっきょ》（天皇の許し）を得るために、堀田正睦が上京するとの報せが朝廷に入った。堀田が大金を献上するとの噂も流れた。天皇は関白九条尚正《ひさただ》に賜った宸翰《しんかん》の中で、次の趣旨を述べておられる。

正睦幕命を含みて大金を献ずるの聞えあるも、紅白、豈《あに》朕が志を動かすに足らんや、朕が治世に迨《およ》びて通商を外夷に許すの傭《よう》を作らば、信を国民に失し、恥を後世に貽《のこ》し、神宮並びに列聖に対して一身を置くに処なし、卿等亦宜しく斯意を体し、必ず金銭のために眩

惑せらるることなかるべし

（正睦が幕府の金で朝廷に大金を献じるとの噂があるが、黄金白銀でどうして朕の志を動かすことが出来ようか。朕の治世になって外国に通商を許すような悪例を作るようなことになれば、国民の信用を失い、恥を後世に残し、伊勢神宮ならびに先祖に対して身の置きどころがなくなる。関白以下諸卿もどうか朕の意を体し、くれぐれも金銭に惑わされることのないように）

孝明天皇の「攘夷」の意志

老中堀田正睦は、幕閣重臣二名を伴い、安政五（一八五八）年一月二十一日に、将軍家定から孝明天皇への贄を尽くした贈物を携え江戸を発った。二日後、堀田は本能寺に武家伝奏二名、議奏三名を招き、世界の大勢と日本が置かれている現状を説明し、日本がこれ以上鎖国を続けることは不可能であると説明した。そして通商条約の草案を示し、勅許を求めた。

しかし孝明天皇は、外国人に対する譲歩に断固反対であり、ひたすら聖旨を重んじるよう説いた。もし米国人の言うがままに開港するようなことにでもなれば、伊勢神宮に祀られる皇祖・天照大神にどうして顔向け出来ようか、「異人之輩」があくまで交易港の開港を主張するなら、その時は武器を取って打ち払うことも辞すべきではないと、述べられた。

三月二十日、幕府の奏請に対し、勅答が下された。堀田は、天皇のこの憂国の勅答を拝受した。その中で天皇は、米国との条約締結が「神州の大患、国家安定の繋る所」とあり、「先年結ばれた条約によって下田が開港されたことすら、すでに国家の大事であるのに、今また米国人の言うがままにこれが修正されるようなことにでもなれば、それは著しく国威を傷つけることになる」と述べておられた。

安政五年四月、幕府は彦根藩主の井伊掃部頭直弼《かもんのかみなおすけ》を大老に命じた。天皇は、「井伊は恐らく条約の勅許を強要してくるに違いない。しかし、断じて再考の余地なしと決意を新たにしている」と、勅書を送っている。

孝明天皇の、幕府の開国政策に対する糾弾は、激しいものだった。キーンは、著書でつぎのように記述している。

安政五年六月十七日に、孝明天皇は伊勢神宮、石清水八幡宮、賀茂社に勅使を遣わし、神の加護を祈らせた。宣命で天皇は、万が一戦争に及ぶようなことがあれば、蒙古襲来の古例に倣って、神風を吹かせ「賊船」を打ち払いたまえ、と念じている。国恩を忘れた「不忠之輩」に身分の区別なく神罰が下るように念じているのは、明らかに開国支持派のことを指していた。

この頃から維新直後までは、外国人に対するテロも横行していた。主な事件を、列挙してみよう。

安政三（一八五六）年　ハリス襲撃未遂事件
安政六（一八五九）年　ロシア海軍軍人殺害事件
　フランス領事館従僕殺事件
安政七（一八六〇）年　日本人通訳殺害事件
　フランス公使館放火事件
　オランダ船長殺害事件
万延元（一八六〇）年　フランス公使従僕傷害事件
　マイケル・モース事件
　ヒュースケン殺害事件
文久元（一八六一）年　第一次東禅寺事件

文久二（一八六二）年　第二次東禅寺事件
生麦事件
文久三（一八六三）年　イギリス公使館焼き討ち事件
元治元（一八六四）年　井土ヶ谷事件
イギリス陸軍軍人殺害事件
慶応二（一八六六）年　鳶の小亀事件（フランス水兵殺害）
ハリー・パークス恫喝事件
慶応三（一八六七）年　アーネスト・サトウ襲撃事件
イギリス水兵殺害事件
ヘンリー・スネル襲撃事件
イギリス水兵襲撃事件
慶応四（一八六八）年　神戸事件
堺事件
パークス襲撃事件

こうして見ると、いかに日本の志士たちが、日本に外国人（白人キリスト教徒）が入ってくることを嫌っていたかが窺い知れる。

そして、慶応三（一八六七）年一月九日、孝明天皇が崩御され、明治天皇は十四歳で践祚《せんそ》され（天皇の位を受け継がれ）た。即位式は、慶応四（一八六八）年十月十二日に執り行われ、改元の詔書により、慶応四（一八六八）年一月一日より、明治元年となった。

第七章　白人支配の世界で独立主権を貫いた日本

白人列強の軍事的脅威

維新のさきがけとなった志士・吉田松陰は、アヘン戦争で清が西洋列強に大敗したことを知って愕然とした。あの大国・清が白人列強の餌食になった。いずれ、その脅威は日本に迫ってくる。松陰は、これまで自身が学んできた山鹿流兵学が時代遅れになったと痛感した。嘉永三（一八五〇）年、松陰は西洋兵学を学ぶために九州に遊学、ついで江戸に出て佐久間象山に師事した。

嘉永六（一八五三）年、ペリーが浦賀に来航すると、さっそく師の佐久間象山と共に浦賀に赴き、松陰は黒船を観察した。西洋の先進文明に心を打たれた。この時、同志である宮部鼎蔵に送った書簡には、「聞くところによれば、彼らは、来年、国書の回答を受け取りにくるということです。その時にこそ、我が日本刀の切れ味をみせたいものであります」と書いていた。

その後、師・佐久間象山の薦めもあって外国留学を決意。長崎に寄港していたプチャーチンのロシアの軍艦に乗り込もうとする。しかし、ヨーロッパで勃発したクリミア戦争にイギリスが参戦。同艦は予定を繰り上げて出航してしまい留学は果たせなかった。

嘉永七（一八五四）年にペリーが日米和親条約締結の為に再来すると、金子重之輔と二人で、海岸につないであった漁民の小舟を盗み、旗艦ポーハタン号に漕ぎ寄せて乗船した。しかし、渡航は拒否され、小船も流されたため、下田奉行所に自首し、伝馬町牢屋敷に投獄された。

幕末・維新については、様々な角度から検証し、言及することができる。「勝てば官軍」と言われるように、大義で言えば「賊軍」とされた側にも、百も千も言い分はあろう。「尊王攘夷」「開国」など、それぞれに立場がある。人物に焦点をあてて書けば、きりがない。そこで私は、当時の世界の状況の中にあった日本の選択として、明治維新は必要不可欠であったと思う、二つの重要なテーマを提示しておきたい。ひとつは、白人列強の植民地支配、有色人種の大虐殺と奴隷化から日本を守れるかという「生存」の観点。もうひとつは、たとえ生存することができたにしても、「国体」を護持できるかどうかという点である。

実は、後者が、日本にとっては最も重要な課題となった。

『錦の御旗』の権威

その護るべき「国体」とは、何かと言えば、それは、天皇である。日本の歴史には、今日に至るも、ひとつ一貫したものがある。それが、天皇という存在である。

再び、キーンの大著『エンペラー・オブ・ジャパン』（邦訳『明治天皇』、新潮社）から、『錦の御旗』の部分を引用しよう。

（慶応四年）一月四日、明治天皇は仁和寺宮嘉彰《よしあき》親王（伏見宮邦家親王の第八王子。のちに彰仁《あきひと》と改名）に「錦の御旗」と節刀を賜り、征討大将軍に任じた。これは嘉彰親王に敵対する者は、単なる敵でなく「朝敵《ちょうてき》」となることを意味した。徳川慶喜は、かねてより戦闘の相手が朝廷でなく薩摩藩であることを主張してきた。しかし、錦旗《きんき》は天皇の擁護者としての正当な資格を薩摩藩に与えた。あらゆる資料が幕府軍の敗北の一因として、錦旗の絶大なる効果のことを言っている。錦旗は「官軍」としての薩長軍の士気を奮い立たす一方で、「賊軍」として朝敵となることを躊躇する幕府軍の士気をくじいた。

現代の基準から言えば、嘉彰親王は総大将となるには見当違いな人物だった。皇族の一員であるという血統を別にすれば、嘉彰親王はこの地位に値する資格を何一つ持ち合わせていない。嘉彰親王は安政五年（一八五八）、十二歳で仁和寺に入寺得度し、寺にいる間は軍事訓練を受けたことなどなかった模様である。恐らく征討大将軍の地位はあくまで象徴的なもので、実戦そのものの指揮は西郷隆盛のように「軍好き《いくさずき》」な参謀の手に委ねられた。或いは、誰が指揮官になろうと大した違いはなかったかもしれない。日本の戦闘は、未だに中世から伝わる一騎討ちの伝統を受け継いでいた。

官軍の勝利が誰の手柄によるものであれ、その勝利は決定的なものだった。幕府軍は戦場から遁走した。敗兵たちは態勢を立て直そうと、当時幕府老中の要職にあった稲葉正邦の淀城に入ろうとした。しかし、城門は目の前で固く閉ざされた。幕府軍の敗兵は驚愕し、狼狽した。翌日、二度目の裏切りが幕府軍を襲った。山崎は狭隘な細長い平地で、大阪への関門になっていた。幕命によって山崎を守備していた津藩は一月六日、突如、幕府軍に発砲した。前日、錦旗を掲げた朝廷の勅使が山崎に派遣され、津藩を説得した。津藩は将軍を見捨て、朝廷への帰順《きじゅん》を誓ったのだった。

手痛い敗北を味わった日の夕方、慶喜は幕閣重臣と各隊隊長等を大阪城大広間に集め、今後の対策を講じた。将兵の士気高揚のため、慶喜自らの出馬を求める声が大勢を占めた。慶喜は、快くこれを承諾した。大広間は、にわかに活気づいた。その夜、慶喜は密かに大阪城を逃げ出した。天保山沖で幕府軍艦・開陽丸の到着を待った。翌七日朝、慶喜は松平容保ほか数人のみを伴い開陽丸に乗船し、八日、江戸へ向けて出帆した。城中に残された幕府軍が慶喜の居ないことに気づいたのは七日朝である。彼らは城を捨て、脱走した。慶喜は後年、次のように述懐している。朝廷に刃向かうつもりなど毛頭なかった。いったん錦旗が登場してからは、もはやこれまでと思い、恭順の意志を固めた、と。

徳川慶喜は、水戸の徳川家出身である。水戸の徳川家は、水戸光圀公以来、尊王の志を最も強く持っていた。「尊王攘夷」の教育が、徹底されていたのが、水戸の徳川家だった。よもや、自分が朝敵になろうとは、徳川慶喜公も想像だにしなかった。

熊本に「神風連」を訪ねる

天皇という存在については、もう一つ重要な観点がある。それは、「現人神《あらひとがみ》」としての存在である。そのことについては後述するが、日本の「国体」の本質は、日本が「神国」であるという点にある。

二〇一四（平成二十六）十一月末に、日本会議、日本青年協議会などが主宰し、産経新聞社が後援して、私の講演会が熊本で行われた。

日本会議熊本の諸熊弘毅さんが、講演を依頼してきた時、私はぜひ熊本を訪ねたいと、そう思った。それは熊本が、三島ゆかりの地であったからだ。

三島の『死』へのシナリオは、『豊饒の海』四部作の執筆とともに始まり、一九七〇年十一月二十五日の市ヶ谷での自決で完結した。

この一連の流れの中で、三島は熊本の桜山神社を訪れているのだ。

そこには、神風連《じんぷうれん》の志士たちがご祭神として祀られている。

神社の傍らには、志士列墓もある。また神風連の資料館も隣接している。三島は、この地を訪ね、神風連の志士たちを参拝している。

神風連について知らない若い方々もいることだろう。神風連資料館の『宇気比《うけひ》に懸ける』と題した一文を、ご紹介しよう。


「神風連の志士の精神は、師・林桜園によって教えられた、敬神を第一義としている。『世の中はただ何ごともうちすてて神をいのるぞまことなりける』と桜園は言い、また『神事は本也、人事は末也』と言ったが、神風連の志士はその教えのままに、敬神を第一とした。神を敬うことは、皇上を敬うことであった。それは皇上は、神裔であり、厳然として現つ神であるという信念からである。神風連が尊王というのは、他の多くの志士に見る倒幕の反語としてのそれではなく、信念の上に確固とうちたてられた尊王であった。攘夷もまた敬神の具体的な現れであった。

起きていのり伏してぞ思う一筋は神ぞ知るらむわが国のため（大田黒伴雄《おおたぐろともお》）

また、資料館については、次のように説明されている。

「明治の初年熊本には敬神尊攘を信条とする神風連という一団があった。彼らは明治新政府の急激な欧米化の施策を、国を危くするものと憂慮し、ひたすら神明の擁護を祈っていたが、明治九年廃刀令が出るに及んで、ついに宇気比によって挙兵した。その数一七〇人余。彼らは鎮台を攻め、軍官の要人を襲ったが、近代砲火の前には長くは続かず、一夜にして敗れ、その多くは戦死、自刃して果てた。世にこれを神風連の変といっている。その後彼らの誠忠が認められて、賊名がのぞかれ、加えて御贈位にもなり、桜山神社ならびに護国神社に合祀されている。われわれは、神風連の精神内容が日本の立国につながるものであり、日本のこころの原点のように考える。そこで、この神風連の貴重な資料を、公的なものとして永く保存し、後代に遺そうとするものである」

三島は、最も西洋かぶれの日本人でもあった。邸宅は、洋館。新婚旅行はアメリカだった。西洋の芸術や文化に、憧れた。

逆説的だが、西洋を最も深く、その精神性や魂まで、ある面極めていた日本人だったと、そう思う。英語も実に堪能だった。

しかし、西洋を知れば知るほど、三島は日本人としてのアイデンティティに目覚めていった。自分は、日本男児である。日本とは、何か。そういう思いを強く持って、探求してゆく中で、日本の文化、伝統は、世界にあって稀有な、美しい遺産であると、そう思った。

私も神風連を訪ねて、わかった気がした。それは神風連、特攻隊に連なる日本的な精神性である。それは、自らの命を賭して、神国日本を護るという魂のあり方だ。三島は、そこに強い衝撃を受けた。

アイヴァン・モリスは、『高貴なる敗北《ノービリティ・オブ・フェイリア》』を、彼の遺作として世に出した。日本の英雄について書かれた大作で、吉田松陰などが、その代表的な英雄として紹介されている。『高貴なる敗北《ノービリティ・オブ・フェイリア》』は、日本では英雄が、敗北の中から誕生するという認識にたっている。

日本では、究極の英雄は、敗れなければならなかった。自らの正義に殉じて、強大な相手に対峙して、それこそ体当たりをして、信念を貫いて滅んでゆく。その姿が英雄との賞讃を喚起する。モリスは、日本人の美学を、敗北の中に見出した。

林桜園《はやしおうえん》は、古典に一番詳しい学者として、明治二年に有栖川宮や岩倉具視に招かれ、意見を述べたりしている。世界の情勢にも通じていた。同時に、敬神家でもあり、宇気比といって、神示を受けることを教えていた。その弟子の大野鉄兵衛らが、敬神党、神風連と呼ばれていた。皆が礼儀正しく、温厚で、身なりもきちんとしていた。

神風連が、このまま進めば日本はどうなってしまうのだろうと憂国の思いを深めたのは、維新の姿だった。神武復古と言いながら、教育も制度も法律も宗教も、外国に迎合し、武道も野蛮と排斥する。忠義、孝行も捨てられ、個人の自由を叫び、権利を主張し、それが文明開化というあり様。彼らは国の行く末を案じ、ひたすら神に祈ったのだった。

神風連は、新開皇大神宮に集まり、宇気比を乞いた。しかし神はなかなか彼らの案を受け入れない。明治九年には廃刀令まで出て、帯刀もしない若者が、まるで西洋文化の捕虜のように、意気地なく歩く醜態を晒す。

ついに太田黒ら幹部が、新開皇大神宮に集い、宇気比をすると、今度は義挙の許しがでた。勝敗は神のみぞ知るところ、神風連は、全力で神慮に応えようと、出陣したのだ。

しかし維新政府の鎮台は、大砲や鉄砲で武装した軍隊がいる。そこに、斬り込む神風連は、鎧に刀、槍のみ。神風連の変は、一夜にして鎮圧されてしまう。戦死者三十一名、自刃者八十七名。自首者三十二名、就縛者三十一名だった。

神風連を桜山神社に訪ねた時に、私は、吉田松陰、神風連、特攻隊が、ひとつに繋がる感覚を覚えた。きっと、三島も同じ感慨を得ていたと思う。『命を賭して護るべきものは何なのか！』という訴えだ。日本にとって、日本人にとって、それは、国体であり天皇だ。三島は、それを『三種の神器』と、喝破した。

白人支配の世界で有色人種が独立を保つには

明治の日本は、「富国強兵」を最重要課題のひとつとしていた。近代的な軍事力を短期間に獲得しなければならなかった。独立を保つためには、軍事力が必要不可欠だった。

実は、日本に来日した頃に、香港のジャーディン・マセソン商会から、日本の代表にならないかと、打診があった。もちろん、私は断った。

ジャーディン・マセソン商会というと、読者の中には眉をひそめる方もいるかもしれない。前身は東インド会社、広州に設立された商会は、アヘンの密輸とお茶の輸出だった。香港上海銀行は、その資金をイギリス本国へ送金するために設立された。

幕末から明治の日本にも深く関わった。長崎のグラバー商会は代理店。グラバーの仲介でロンドン大学に留学した伊藤博文、井上馨ら「長州五傑」は、ジャーディン・マセソン商会の船でイギリスに密航した。坂本竜馬が設立した「亀山社中」、後の海援隊は、商会がアメリカで南北戦争が終わったために売れ残った銃や軍艦を、輸入した。

吉田茂の養父・吉田健三もマセソン商会の横浜支店長を、安田不動産顧問の安田弘は商会の日本の会長を務めた。アジアの歴史に深くかかわった「会社」と言っていい。

現在は、コニャック「ヘネシー」や「ホワイトホース」の輸入の他、香港ではマンダリン・オリエンタル・ホテル・グループを傘下にし、セブンイレブン、イケア、スターバックスなどの現地法人を系列に入れている。

一昨年のことになるが、いとこが叙勲した。天皇陛下から授与されたのは旭日中綬章だった。受賞理由は、日本への観光誘致に貢献したことと、英国で日本文化を広め日英両国の親善に努めたことだった。

いとこは、ジャーディン・マセソン商会の日本社長などを務めた。イギリス商工会議所の日本の代表でもあった。

外交評論家の加瀬英明氏は、神風連のような者たちが明治の日本を担っていたら、日本は滅びただろう、と言う。それは、その通りだと思う。しかし私は、神風連に心をゆさぶられるものを感じる。それは、純粋な、信仰心からくるものと言ってもいい。地上の価値や現実ではなく、信ずる理想を、命を賭して守り抜く生きざまがある。それは、立場や背景を超えたものである。

しかし、明治新政府の置かれた環境は、そのように感傷的ではいられない。世界は、まさに、弱肉強食の時代だった。その中で生き抜くには、独立を保つには、強くなるしか方法はなかった。欧米列強に対抗できるだけの軍事力と経済力を、国力として急速に持たなければ、それこそ「インディアン」か「インディオ」のように、極東の島国の日本民族だって大虐殺をされるかもしれないという脅威があった。

白人に唯一対抗できた日本

しかし、日本が北米の「インディアン」や南米の「インディオ」と違ったのは、江戸時代の平和の世にあっても、教育を受けた民衆と優れた技術力、さらに優秀なエリートたちがいたことだ。こうした江戸時代に育まれた土台によって、明治の日本は次第に、その技術力、軍事力で欧米列強に近づいていった。

日本が優れていたのは、日本の「国体」と独立を保ちながら、欧米の先進技術や制度を取り入れていった点だ。白人列強の世界侵略、大虐殺、植民地支配、奴隷売買が始まった後の非白人世界で、唯一と言っていいだろう。欧米の優秀な部分から学び、それを吸収し、咀嚼して日本に適合する制度や文化を創りあげた。軍事力の面でも、欧米列強に対峙できるようにと、国家の総力を挙げて取り組んだ。そんなことができた国は、非白人世界で、日本だけだった。

そして日本が国を挙げて「富国強兵」に努めた背景には、白人列強のアジア支配の脅威があった。

日本に迫る白人列強の脅威

マッカーサーが、東京裁判の二年後の一九五一年に、米国の上院外交軍事合同委員会で、「日本（彼ら）が戦争に入った目的は、主として安全保障のためだった」（Their purpose, therefore, in going to war was largely dictated by security.）と証言したことは、よく知られている。つまり、日本は自衛のために戦争に突入していったということを、マッカーサーが証言したことになる。

マッカーサーは、朝鮮戦争を戦って初めて、なぜ日本が朝鮮半島を併合し、満洲国を樹立したか、ハッキリと理解できたのだろう。それは言わば「北の脅威」だった。北方から白人帝国のロシアが、攻め入ってくる脅威があった。
この構図は、明治時代も、第二次世界大戦前も、現在も、本質的に変わりはない。明治時代に、問題となったのは、朝鮮半島の状態だった。一番の脅威は、朝鮮半島をロシアが南下してくることだった。ロシアは、常に不凍港を求めて南下したがっていた。日本は、朝鮮半島が日本と同様に近代化し、独立して半島を防衛してくれることを願った。明治新政府が誕生した時に、そのことを通知するために、日本は李氏朝鮮に国書を携えた使節を派遣した。しかし李氏朝鮮は、これを拒否している。歴史的に支那の皇帝に朝貢している朝鮮は、日本は朝鮮よりも低い地位にあると、思ってきた。

しかし朝鮮にも日本のように近代化をしてゆかなければならないと考える勢力もあった。金玉均《きんぎょくきん》らの開化党である。一八八四（明治十七）年、金玉均らは、日本のように君主を戴く近代立憲君主制国家を目指し、甲申の乱を起こした。

朝鮮国王の高宗も日本に保護を求め、また日本側にも福沢諭吉など、朝鮮を近代化することを支援する声が高まり、開化党の金玉均はついに首相の座を射止め、改革も成功するかに思われた。これは、日本の侵略ではなく、朝鮮国王の要請で援軍として日本軍が朝鮮に出兵したのである。

ところが、それを良しとしなかったのが清国だった。支那は歴史的に朝鮮を朝貢国家として支配してきた。金玉均を支援して朝鮮国王・高宗の王宮を守っていた日本軍に対し袁世凱が率いる清国軍が攻撃してきた。ソウル市内で激しい戦闘となり、日本兵のみならず、日本人居留民と婦女子三十名が残酷に殺害された。わずか二百名の日本軍は撤退を余儀なくされ、その結果、開化党は敗れ、親清派の事大党の閔妃《みんひ》の臨時政府が取って変わった。

天津《てんしん》条約と朝鮮半島の情勢

一八八五（明治十八）年、日本と清国は、天津条約を結んだ。朝鮮半島からは軍隊を撤収するが、朝鮮に異変が起きて、どちらか一方が派兵する時は、事前に通告しあい、事態が解決したら撤兵するという内容だった。

しかし、開化党と対立勢力として浮上したのが東学農民軍だった。東学農民軍は、支配層の圧政への反発で武装蜂起した勢力で、日本に対しては敵対的な姿勢を持っていた。

急成長をする明治日本は人口も増加し、朝鮮からの米や大豆の輸入が急増、これに伴い朝鮮での米価も急騰した。朝鮮の地主は莫大な利益を得たが、小作人は他の作物を売って高価な米を買わなければならなかった。農民の生活苦と反日感情を背景に蜂起《ほうき》した東学農民軍に対し、一八九四（明治二十七）年六月三日、高宗・閔妃政権は、清国に鎮圧軍の派遣を要請した。

六月六日、清国は天津条約に則り、「朝鮮政府の要請により、匪賊討伐のため陸軍の一部を朝鮮に派遣する」と、日本に通告してきた。清国は北洋艦隊の軍艦二隻を仁川に派遣、六月八日には正規軍二千を上陸させた。

日本政府は、これに対し「地理上、貿易上の重要性に照らして、朝鮮に対する我国の利害関係は極めて緊要なものであり、このような事態は傍観できない」と外相を通じて清国に通告、日本陸軍第九旅団九千を仁川に入港させた。この時、日本は清国に対し、共同して朝鮮の改革を推進することを提案したが、拒否された。

当時の状況は、閔妃が夫君の高宗の父である大院君と権力闘争を繰り広げ、国費を民のためではなく、自己の栄華に浪費していた。また、節操なく清国、ロシア、日本、列強にすり寄って朝鮮の自主独立と近代化を遅らせていた。

このままでは、清国、ロシア、列強が朝鮮半島を植民地支配しかねない。そうなれば、日本に対する脅威が一段と高まる。日本は、そうした判断に立って、一八九四（明治二十七）年七月二十三日未明、日本公使大鳥圭介率いる日本軍三千が景福宮を攻撃、高宗と閔妃を拘束し、降伏命令が高宗から出された。

そもそも李氏朝鮮とは、明の皇帝に下賜してもらった「王朝名」だった。明や清の元号を使い、毎年莫大な朝貢をしてきた。明や清の影響力から抜け出すことは、朝鮮にとっても、日本にとっても重要な課題で、それには近代化が不可欠だった。

日清戦争と甲午改革

一八九四（明治二十七）年七月二十五日、「豊島沖海戦《ほうとう》」によって日本と清国は戦争状態に突入した。日本の帝国海軍連合艦隊が、牙山湾の豊島近くで清国軍艦二隻と兵力千二百を乗せた輸送船を、一時間二十分の戦闘で撃沈した。清国軍は、ソウルから南下する日本軍を成歓《せいかん》（全羅北道）で待ち伏せし攻撃したが、兵力、火力戦術で勝る日本軍に敗退し、平壌まで退却した。これにより、朝鮮半島の平壌以南の陸と海を制圧した。

景福宮のクーデターにより、革命政府が金弘集を中心に組織された。近代的な内閣をつくり、清国の元号を廃止し、内務、外務、法務、学務、農相務、軍務などの行政部門を設置した。両班《やんばん》、中人《ちゅういん》、平民《ぴょんみん》、奴婢《ぬひ》などの身分制度がなくなり、女性差別が撤廃された。未亡人の再婚も許され、身内が罪を犯すと一族を処罰する連座制も廃止された。公文書による人身売買は違法となり、貨幣価値も統一され、租税は貨幣で支払うようになった。また、王室と政府の財政分離により、閔妃が国家財政を枯渇させるような事態を防止できるようになった。こうした改革は一気に行われ、「甲午改革」と呼ばれた。
一八九四（明治二十七）年八月一日、日本と清国とは宣戦布告、日清戦争が勃発した。

北の脅威、大陸の情勢

日清戦争の原因は、朝鮮半島にあった。朝鮮半島が、ロシアや支那に侵略されると、その脅威は目の前に迫る。だから日本は、朝鮮に日本のように近代化をして、しっかりとした政治力と外交力と軍事力を持って独立主権国家になって欲しかったのだ。

ところが、朝鮮は、清国（支那）やロシアに媚びたり、毅然と独立する状況になかった。日清戦争という名称だが、戦場は朝鮮半島だった。仁川とか平壌とか、第二次世界大戦後の朝鮮動乱の戦闘を彷彿させる。マッカーサーも、「日清戦争」を一九五〇年にもう一度戦うことになった。その時はじめて、日本の戦争が自衛戦争であると、体験から理解できたのだ。

実は、この状況は、朝鮮動乱が休戦中のいまも本質的に変わらない。北の将軍様の独立心が旺盛なところは、二度にわたる朝鮮半島を舞台にした「代理戦争」に、学んだところもあるのかもしれない。

しかし、共産党独裁政権国家の北朝鮮が、核武装をしてワシントンも攻撃できるようになると、はたして米軍がワシントンのアメリカ市民を犠牲にしてまで、韓国を守るかは疑問である。米韓合同軍事演習は、いきおい核抜きで最大級の被害を北朝鮮に与えられることを、デモンストレーションして見せている。これがエスカレートすると、核抜きの局所的戦闘が暴発するかもしれない。朝鮮半島が北の将軍様によって対馬の手前まで「赤化」されるとは思わないが、日本にとっても「半島情勢」は、安全保障上の重大な要素であることは、日清戦争当時も、朝鮮動乱の時も、いまも変わらないのだ。

三国干渉という白人列強の侵略行為

最近の若い人にはわからないことだろうが、「臥薪嘗胆《がしんしょうたん》」は、当時の日本の痛切な思いだった。

日本と清国は、一八九五（明治二十八）年三月二十日に停戦。四月十七日に下関の春帆楼で講和会議に臨んだ。日本側は首相の伊藤博文、外相の陸奥宗光が、清国側は李鴻章らが出席した。下関条約が締結され、戦争は終結した。内容は、次の通りだった。

壱　朝鮮の独立を認め、自主独立を妨げる朝鮮から清国への貢、献上、典礼等を永遠に廃止する。
弐　遼東半島、台湾、澎湖諸島を日本に譲渡する。
参　清国は日本に二億両を支払う。
四　清国領内で列国と同等の特権を日本に認める。

というものだった。朝鮮半島については、独立を認めることが条件だった。ところが、日清戦争での日本の勝利を、横取りしたのが白人列強だった。ロシアがフランス、ドイツと結託し日本に圧力を加えてきた。一八九五（明治二十八）年四月二十三日、三国の公使が日本に対し「遼東半島を清国に返還したほうがいい」と書簡を送ってきた。いわゆる三国干渉である。

国力の劣る日本は、白人列強の三国を相手に戦争をして勝つことなどできない。勧告を受諾するしかなかった。「臥薪嘗胆」、日本はあらゆる苦難を耐え忍んで、この屈辱を晴らす決意をした。

ちなみに、三年後に三カ国は清国に対し、この代償を要求。ロシアは旅順・大連を、ドイツは膠州湾《こうしゅう》を、フランスは広州湾を租借した。ちなみにイギリスは、威海衛《いかいえい》と九龍半島を租借している。

日本は、この三国干渉を通して、ロシアも含む白人列強のアジアを蹂躙する脅威を、まざまざと感じたことだろう。

日本は、侵略戦争を戦ったのではない。アジアを侵略していたのは白人列強諸国だった。日本は、自衛のために軍事的対応を余儀なくされてきたのだ。こうした日本の国防に対する姿勢は、天地開闢以来ずっと今日まで一貫している。マッカーサーの上院軍事外交合同委員会での発言は、この点、極めて正鵠を射たものであると、言わざるを得ない。マッカーサーも、最後には真実を告白した。

「日本は、自衛のために戦争を余儀なくされた」

第八章　民族平等の世界を目指した大東亜共栄圏

徳富蘇峰を叩きのめした三国干渉

『国民新聞』は、一八九〇（明治二十三）年に徳富蘇峰が創刊した。戦前は、東京五大紙のひとつだった。『国民新聞』以外の四紙というのは、東京朝日、東京日日（現毎日新聞）、時事、報知だ。徳富蘇峰は、熊本出身のクリスチャンで、新島襄が設立した同志社大学に入った「熊本バンド」と呼ばれる若いクリスチャン同志《バンド》の一員だった。連合国からは、侵略戦争に国民を引きずり込んだマスターマインド（首謀者）として、東京裁判のいわゆる「A級戦犯」容疑者に指名された。占領軍のMPが熱海の自宅に逮捕に来たが、老齢のため逮捕されず、自宅拘禁処分となった。

翻訳者の藤田氏によると、徳富蘇峰は、内村鑑三の英語論文『Justification of the Corean War』を『日清戦争の義』と題して翻訳掲載（『国民の友』第二三三号）し、「支那は社交律の破壊者なり、人情（ヒューマニズムの訳）の害敵なり、野蛮主義の保護者なり」と、舌鋒鋭く批判していた。これは、福沢諭吉も同様だった。『脱亜論』などの論文では、朝鮮や中国と比較し、日本の優越を力説していた。

徳富蘇峰は、「ペリーによる強制的開国は、強姦《レイプ》に等しい」と訴えていたと、藤田氏は言う。私より先に、『レイプ・オブ・江戸』を徳富蘇峰が訴えていた。

蘇峰は自著『吉田松陰』で、「開国は正理なり、しかれども我の外国の強迫によりて、開国せしめられたるは、屈辱なり。容易に拭うべからざる。我が国史の汚点なり。而して今日に至るまで、世界諸強国と対立して、我が膝の直からざるは、むしろ強姦《ごうかん》に近しといわざるを得ず」と書いている。吉田松陰になぞらえているが、それは蘇峰自身の思いだった。蘇峰は、日本人は人類として正統な待遇を受けていない。まるで猿にもっとも近い人類か、人類にもっとも近い猿かのように遇されてきたと、怨念のように吐露していた。

福沢諭吉は、日清戦争開戦直後に『日清の戦争は文野の戦争なり』との論文も発表し、「日本は世界文明のためにその妨害者を打倒するのみ」と訴えていた。文明と野蛮の戦争と、そう位置づけた。

日清戦争に対する欧米紙の批判が出ると、徳富蘇峰は、『何の権か』との論説を『国民新聞』に掲載した。蘇峰は挑発的に「朝鮮を改革し清国を討つのは『文明の権』だ」と、反論した。

徳富蘇峰は、世界的に有名である。英語での文献には、蘇峰の論説の引用も多い。徳富蘇峰は、日清戦争の際には、イタリアの政治家カブールを例に、「狂気の沙汰と非難されながらクリミア戦争に参戦し、それによってイタリアは『欧州列国に識認』され、国家の利益と光栄を獲得した」と論じた上で、「世界における日本の位置」について、「日本は欧米を知りすぎるほど知っているのに、日本は欧米からまともに評価されていない。日本は、率直に言えば『売淫国《ばいいんこく》』と紹介されているにすぎない。日本は『否』と言わない。『軽快にして与しやすき伴侶』と見做されている。欧米人は日本を自分たちと対等に見做していないばかりか、清国とすら対等と考えていない」とそう訴え、日清戦争を「国家自衛」と「国民雄飛」のチャンスと論陣を張っていた。

ところが、白人列強による『三国干渉』である。これに徳富蘇峰は、叩きのめされた思いだった。遼東半島返還の決定に、蘇峰は、「力なき正義は無価値だ」と思った。その時から、「精神的に別人になった」と、後年に蘇峰が語っている。

大東亜会議は、世界初の『有色人サミット』だった

三年前の二〇一三（平成二十五）年に、「大東亜会議七十周年」のシンポジウムが、憲政記念館で開催された。国際政治学者の藤井厳喜氏が司会で、主催者は外交評論家の加瀬英明氏と大アジア主義を掲げた頭山満翁の孫にあたる頭山興助《おきすけ》氏だった。

基調講演は、私とチャンドラ・ボースの兄弟の孫にあたるスルヤ・ボース氏だった。その時に、大東亜会議での各国首脳の講演録を読んだ。私は、大東亜会議に参加したアジアの独立国のリーダーたちの英文の講演録に、目を見開かされる思いだった。どの演説も二十一世紀の現代にそのまま通用する、格調高く、立派な内容だった。むしろ、昨今の各国の首脳のほうがレベルが低い。私が特に、立派なスピーチだと感銘を受けたのが、東條英機首相の演説だった。

西側諸国では、大東亜会議というのは、「日本が傀儡政府《パペットガバメント》の頭目を集めた単なるプロパガンダの会議」と思われている。しかし東京にそうした国々のリーダーが集まったことは歴史の事実だ。特筆すべきは、インドはオブザーバーとしての参加であったことだ。当時まだインドは独立しておらず、チャンドラ・ボースの参加は、完全独立を目指す自由インド仮政府首班としてのものだった。またマラヤやインドネシアは日本が占領はしていたものの、まだ独立はしていなかったので参加できなかった。このしっかりとした基準も、大東亜会議が日本の「傀儡《かいらい》」の集まりでなかったことの証左だ。

「アジアを侵略した」とされる、言わば「敵国」の日本に、どうして東アジアの国々の指導者が、わざわざ集まったのであろうか。大東亜会議の目的に呼応しなかったならば、そんなことは起きなかっただろう。

日本の軍事力や技術などの助けを借りて、欧米による植民地支配から独立しよう、植民地支配をする欧米諸国と独立戦争を戦おうという気運が一層アジア諸国に盛り上がった。「日本はアジア諸国を侵略した」という一面的な歴史認識では、まったく歴史の真実を把握することも、理解することも不可能となってくる。

日本がアジアへ軍事進攻をし、アジアを数百年にわたって植民地支配してきた欧米勢力を一瞬にして追い払ってしまったのだ。そのことが、アジアの諸民族の中にあった独立への希望を再生させ、現実的な独立への行動へと向かわせたのである。

アジア諸民族の独立への気運が高まっていなければ、大東亜会議が東京で行われることもなかったであろう。日本がアジア諸国へ軍事進攻をしたことが、アジア諸民族の独立への道を切り開いたのだ。

アジア諸国の欧米による植民地支配からの独立は、日本の軍事進攻によって初めて可能となった。これは、厳粛なる歴史の真実だ。軍事力があったから、成し遂げられたのだ。

はじめ欧米諸国には、何が起こっているのか事態がわからなかった。しかし次第に明らかになってきたことは、アジアの諸民族が自ら独立のために戦う決意をし、行動をし始めたということだった。もはや欧米諸国が、アジアを植民地として搾取し続けることはできなくなってしまったのだ。

その契機となったのが、日本の軍事進攻だ。日本がアジアに軍事的に進攻することがなかったなら、いまでもアジアは欧米の植民地のままであり、アメリカでは黒人が大統領になるどころか、今でも奴隷さながらの地位に喘いでいることだろう。

日本が大東亜戦争を戦ったことで、大英帝国が滅びたのである。日本が大東亜戦争を戦わなかったならば、いまでもアジア諸国の宗主国は、イギリスやフランス、アメリカ、ドイツ、オランダであったろう。実際に、いまでもカナダやオーストラリアの国家元首は、イギリスのエリザベス女王である。日本が大東亜戦争を戦わなかったならば、いまでもアジアには、ヨーロッパの国々を宗主国とする植民地が広がっている。

初期の段階から、アジアを植民地支配する欧米勢力を追っ払《エクスペル》い、アジア諸民族を独立へと導くことが日本の戦争計画でもあった。もちろん、第一義的にその目的が、自衛のための戦いであったことは言うまでもない。しかし、それは「太平洋戦争」ではまったくない。

戦場は、太平洋上ではなくアジアに広大に広がる欧米の植民地であった。どうしてそれが、「太平洋」戦争なのか。もちろん太平洋でもアメリカとの熾烈な戦闘が繰り広げられた。しかし日本が戦ったのは、陸と海にまたがる広大な東アジアの戦域である。だからこそ、日本はその正式に発表された戦争名を「太平洋戦争」とは呼ばなかった。大東亜戦争と命名したのである。大東亜戦争として日本の戦争をとらえず、「太平洋戦争」と呼ぶこと自体が、アメリカに洗脳をされてしまっている証左である。

政府や報道機関、ジャーナリストまでが「太平洋戦争」と呼んでいるのは、まったく滑稽な姿だ。まるで政府や報道機関やジャーナリストが束となって、「アメリカ様の言いなりとなります」とそう言っているかのようだ。

日本が戦争を戦った、その真実を把握するには、「大アジア」を戦場としてアジア諸民族から搾取をする植民地支配者であった欧米諸国と戦い、アジアを解放、独立させたという歴史認識、言ってみれば「大東亜戦争史観」をもって世界史を見つめてみる必要がある。

アメリカも、そしてアジアを蹂躙し植民地支配をしたヨーロッパ諸国も、「大東亜戦争史観」という観点からだけは、歴史を見られたくない。だから、アメリカも、ヨーロッパ諸国も日本が「太平洋戦争」を戦ったことにしておきたいのだ。アジア諸国の独立に日本が果たした貢献を知られては、欧米の「有色人種大虐殺」の責任があからさまになってしまう。それでは、欧米の正義が崩壊してしまうのだ。

欧米が戦った第二次世界大戦は、正義の側の自由主義陣営と、悪の枢軸国《アクシス・オブ・イーヴィル》であるドイツ、イタリア、日本のファシズムとの戦いであったとするのが「戦後レジーム」であるからだ。「大東亜戦争」という観点を持ち出されると、欧米の戦争の大義が崩壊してしまうのだ。

「日本がアジア諸国を侵略した」というのは、連合国側の史観にすぎない。それは、（日本にとっては）敵側の戦時プロパガンダだ。日本の美徳は「いさぎよさ」「言挙げしない」ところにあるが、史実を捻じ曲げる連合国の戦勝史観というプロパガンダには、しっかりと反駁をしてゆかなければ、日本の為に命を散華された父祖の名誉も回復できない。それは子孫を、いわれもない冤罪による誹謗中傷に苦しめることに繋がる。そんなことを、断じて看過、容認してはならない。

西欧列強によるアジア侵略と植民地支配から、アジア諸国を独立させたのは、日本の軍事進攻だった。私の友人でもある髙山正之氏も、そんなタイトルの本を出してベストセラーになった。

『大東亜戦争』という呼称を蘇らせよう

もう戦後も七十年を過ぎた。ほんとうのことを日本も世界に堂々と発信すべきだ。日本の歴史で最も厳しい言論統制を敷いたのは、ＧＨＱだった。ＧＨＱの主張に反する一切の言論が封殺された。まさに、『閉ざされた言語空間』なのだ。問題は、それが、まだ続いていることに、日本人が気づいていないことだ。まず、日本人が目覚め、そして真実を世界に発信すべき秋《とき》がきている。

私が不思議に思うのは、産経新聞も含め、どうして日本の新聞が、『大東亜戦争』という、日本が戦った戦争の正式名称を使わないのか、ということだ。

報道は一度使用した呼称を、容易に変更できないという側面はあるだろう。『大東亜戦争』はGHQによって『禁じられた戦争名』だ。

そこで、「太平洋戦争」と呼んだり、「十五年戦争」と言ったり、「アジア・太平洋戦争」と呼んだりしている。

例えば産経新聞あたりが、「戦後七十年も過ぎた。GHQに『禁じられた戦争名』である日本の正式な戦争名『大東亜戦争』を、今後は使用することにする。アメリカ側が強要した『太平洋戦争』という呼称は、使用しないことにする」と、そう宣言してはどうか。

世界最初の有色人サミットは、『大東亜会議』と命名された。これも『太平洋会議』とするのであろうか。閣議決定をして決めた正式名称を変更して報道するなど、実にバカバカしいことである。

日本が戦ったのは、アメリカと戦った太平洋だけでない。大英帝国がアジアに保有していた植民地も、ヨーロッパの列強がアジアに有していた植民地も、一瞬にして日本に占領されてしまった。そうした植民地があったのは、太平洋ではない。日本は『大アジア』を、その戦場として、列強の侵略者と戦った。そして、日本はアジアを軍事占領しただけではなく、それ以上のことを成し遂げた。それがアジア諸国の独立だ。つまり、髙山正之氏の本のタイトルにあるように、『アジアを解放したのは、日本軍だった』のだ。これは史実で、プロパガンダではまったくない。

『大東亜会議』七十周年での私の演説

《日本はアジアの希望の光だった》

皆様、こんばんは。ヘンリー・ストークスです。本日は、お招き頂き誠に有難うございます。

このシンポジウムは、昭和十八年十一月五日、六日に開催された「大東亜会議」の七十周年を記念して開催されております。そのような歴史的な場に参加でき、光栄に存じます。

《白人が世界を侵略した五〇〇年》

二〇世紀で最も驚く展開は、五〇〇年続いた植民地支配、その呪いが終焉を迎えたことにあります。白人による支配が霧散してしまいました。誰もがまったく予想しなかったことです。

一九三〇年代末に「インドの独立はいつになるか」と問われ、ネルーは「七〇年代には実現するかもしれない」と答えました。つまりそれは、彼の亡き後に、という意味です。しかし一九四〇年代初頭になると、インド人たちから独立の気運が高まりました。なぜ独立の気運が高まったのでしょうか。

答えは簡単です。第二次大戦が勃発し、五〇〇年のドラマの中での新興勢力が、白人植民地支配に痛烈な打撃を与えたからです。その新興勢力が、日本でした。インド独立のタイムテーブルは、ネルーの七〇年代から第二次世界大戦の終焉時へと短縮されたのです。ここで、二〇世紀から一七世紀初めまで時間をもどしてみましょう。

インドでは、イギリスが一六〇〇年に東インド会社を設立し、植民地支配に着手しました。イギリスは、マドラス（一六三七年）、ボンベイ（一六六一年）カルカッタ（一六九〇年）に東インド会社を進出させました。イギリスの侵略は、プラッシーの戦い（一七六四年）マイソール戦争（一七九九年）シーク戦争（一八四五年）と続き、一八五七年から五九年にかけて反イギリス民族闘争である有名なセポイの反乱が起こりました。

こうしてイギリスがインドを抑圧する中で、一八六八年、日本で明治維新が起こりました。ほぼ同じころに、インドでは独立のために戦った歴史的な人物が生まれています。

一八六七年にはマハトマ・ガンジーが生まれ、一八九七年には、チャンドラ・ボースが誕生しています。

《インド国民軍を創設した「偉大な指導者」チャンドラ・ボース》

一八七七年、イギリスが直接インド全土を統治するインド帝国が成立し、ビクトリア女王が「インド皇帝」として即位しました。つまり、ボースはイギリスのインド植民地支配の絶頂期に誕生したのです。ボースは今でもインドで「ネタージ」と呼ばれています。ネタージとは「偉大な指導者」という意味です。日本の支援を得て、ボースはINAを結成しました。Indian National Army インド国民軍です。非暴力主義でイギリスの植民地支配と戦ったガンジーと対照的に、ボースは司令官として戦場で戦いました。

一九四三年五月一六日、ボースは来日し、嶋田海軍大臣、永野軍令部総長、重光外務大臣などと面会し、その上で、東條英機首相と会談しました。

ボースは日比谷公会堂で講演しました。そのメッセージは当時のアジアの人々の気持ちを代弁していました。

「約四〇年前、小学校に通い始めた頃に、アジア人の国が世界の巨人・白人帝国のロシアと戦いました。このアジアの国はロシアを大敗させました。そしてその国が、日本だったのです。このニュースがインド全土に伝わると興奮の波がインド全土を覆いました。インドのいたるところで、旅順攻撃や、奉天大会戦、日本海海戦の勇壮な話によって、沸き立っていました。インドの子供たちは、東郷元帥や乃木大将を素直に慕いました。親たちが競って、元帥や大将の写真を手に入れようとしましたが、できませんでした。その代わりに、市場で日本製の品物を買ってきて、家に飾りました。

ボースは「日本はアジアの希望の光でした」とハッキリ語りました。

さらにボースはこう続けます。

「このたび日本はインドの仇敵のイギリスに宣戦しました。日本はインド人に、独立のための千載一遇の機会を下さいました。われわれは自覚し、心から日本に感謝しています。ひと度この機会を逃せば、今後百年以上にわたりこのような機会は訪れることはないでしょう。勝利はわれわれのものであり、インドが念願の独立を果たすと確信しています」

《日本と共に、インド独立のために戦った》

重要なのは、主張より行動でした。ビクトリア女王が「インド帝国」皇帝に即位して六十六年目にあたる一九四三年十月、自由インド仮政府が樹立されました。シンガポールでの大会で、ボースは満場の拍手をもって、仮政府首班に推挙されました。

ボースは「チャロ・デリー」つまり「往け、デリーへ！」と進撃を宣言し、人々はそのメッセージを掲げ、行進しました。祖国インドへ向けた歴史的な進撃の開始でした。インド国民軍ＩＮＡの将兵は日本軍とともに、インド・ビルマ国境を越え、インパールを目指し「チャロ・デリー！」と雄叫びをあげ、進撃しました。「われらの国旗を、レッド・フォートに掲げよ」と、ボースは将兵を激励しました。

自由インド仮政府は、日本とともに、イギリス、アメリカに対して宣戦布告をしました。

同年（一九四三年）十一月五日より六日間にわたって、東京で大東亜会議が開催されました。これは人類の長い歴史において、有色人種によって行われた最初のサミットとなりました。

東條首相、満洲国の張景恵国務総理、中国南京政権の汪兆銘行政院長、フィリピンのラウレル大統領、ビルマのバー・モウ首相、タイのピブン首相代理であるワイワイタヤコーン殿下といった各国首脳が一堂に会し、ボースはインド仮政府代表としてオブザーバー参加をしました。

今日、日本の多くの学者が大東亜会議は日本軍部が「占領地の傀儡」を集めて国内向け宣伝のために行ったと唱えています。しかし、そのようなことを言う日本人こそ、日本の魂を売る外国の傀儡というべきです。

会議では大東亜共同宣言が満場一致で採択されました。ボースは「この宣言がアジア諸国民のみならず、全世界の被抑圧民族のための憲章となることを願う」と訴えました。ボースは、日本は「全世界の有色民族の希望の光だ」と宣言しました。

《日本は人種平等の世界を実現しようとした》

この五〇〇年の世界史は、白人の欧米キリスト教諸国が、有色民族の国を植民地支配した壮大なドラマでした。

そのなかにあって、日本は前例のない国でした。第一次世界大戦後のパリ講和会議で、日本は人種差別撤廃を提案したのです。会議では各国首脳が、国際連盟の創設を含めた大戦後の国際体制づくりについて協議しました。人種差別撤廃提案が提出されると、白豪主義のオーストラリアのヒューズ首相は、署名を拒否して帰国すると言って退室しました。議長であるアメリカのウィルソン大統領は、本件は平静に取り扱うべき問題と言って日本に提案の撤回を求めました。

日本で外務大臣も務めた日本代表団の牧野伸顕男爵は、ウィルソン議長に従わず採決を求めたのです。イギリス、アメリカ、ポーランド、ブラジル、ルーマニアなどが反対しましたが、出席十六カ国中十一カ国の小国が賛成し、圧倒的多数で可決されました。

しかしウィルソン大統領は「全会一致でない」として、この採決を無効としました。牧野は多数決採択を求めたが、議長のウィルソン大統領は「本件のごとき重大な案件は従来から全会一致、少なくとも反対者なきによって議事を進める」としました。

人種差別撤廃提案が十一対五の圧倒的多数で可決したにもかかわらず、ウィルソン大統領はこの議決を葬ったのです。今日の文明世界ではありえないことです。

いまアメリカの大統領は黒人ですが、そのようなことは当時は全く考えられないことでした。日本人も白人ではなく有色民族です。同じ有色民族として誇りある日本人は、有色人種の置かれた状況を、看過することができなかったのです。

《インドネシアを独立へ導いた日本》

インドネシアの植民地支配は、一五九六年にオランダが艦隊をインドネシアに派遣したことに始まります。

オランダの三五〇年以上に及ぶ植民地支配に終止符を打ったのは、一九四二年の日本軍の進攻でした。インドネシアには白馬に跨る英雄が率いる神兵がやってきて、インドネシアの独立を援けてくれるという伝説がありました。日本軍の進攻は、その伝説の神兵の到来を思わせました。日本兵は、神話の軍隊であったのです。

ジョージ・カナヘレは「日本軍政とインドネシア独立」という著書で、次の四点を掲げています。

一　オランダ語、英語の使用を禁止。これにより公用語としてインドネシア語が普及した。

二　インドネシア青年に軍事訓練を施した。これにより青年が厳しい規律や忍耐、勇猛心を植え付けられた。

三　オランダ人を一掃し、インドネシア人に高い地位を与え能力と責任感を身につけさせた。

四　ジャワにプートラ（民族結集組織）やホーコーカイ（奉公会）の本部を置き、全国に支部を作り、組織運営の方法を教えた。

日本は第二次大戦でアジアの国々を侵略したとされますが、どうして侵略する国が、侵略された国の青年に軍事教練を施すのでしょうか。彼らの精神力を鍛え、高い地位を与え、民族が結集する組織を全国につくり、近代組織の経営方法を教えることがありますか？

この事実は、侵略したのが日本でなかったことを証明しています。日本はアジアの国々を独立させるあらゆる努力を惜しまなかったのです。では一体、どこからの独立なのでしょうか？

もちろん、アジアの国々を侵略していた白人諸国の支配からの独立です。

《インドネシア独立宣言の日付》

ジャカルタの中心にムルデカ広場があります。ムルデカはインドネシア語で『独立』を意味します。独立の英雄ハッタとスカルノの像とともに高さ三七メートルの独立記念塔が立っています。地下一階には、独立宣言の実物が納められています。ハッタとスカルノが直筆でサインをしています。そこに独立の日が「一七—八—〇五」とハッキリ書かれています。

一七—八は八月十七日の独立の日を示していますが、〇五年とはどういう意味でしょうか。インドネシア人はイスラム教徒ですがイスラム暦ではありません。

ましてキリスト暦でもありません。では〇五年とは何暦でしょう。実は〇五年は、日本の「皇紀《エンペラーズ・カレンダー》」なのです。

一九四五年は、日本の「皇紀」では二六〇五年にあたるのです。初代の神武天皇が即位をした時から数えた年です。ハッタとスカルノは日本に感謝をして、皇紀を採用したのです。インドネシア独立の生みの親は日本だったのです。だからこそ二人は、インドネシアの独立宣言の独立の日を、日本の「天皇の暦」によって祝福したのでした。

皆さん、こうした西欧の五〇〇年に及ぶ植民地支配は、世界中で広く認知されたことであります。我々は今日、植民地支配の禍《わざわい》の終焉をこうしてここに集い祝福しています。

日本は「日の昇る国」です。眞に自由なアジアを求めるみなさんで手を取り合ってゆきましょう。民主的なアジアの連帯を実現する重要な役割を日本が果たすことを願っています。

日がまた昇ることを願って、本日は締め括らせて頂きます。ご清聴ありがとうございました。

『レイス・ウォー』の驚愕の内容

昨年、『戦後七〇年特別企画』として祥伝社が『レイス・ウォー』の邦訳書を出版した。邦題は『人種戦争』（加瀬英明監修、藤田裕行訳）。著者のジェラルド・ホーン氏は、アメリカ人の大学教授で、原書のサブタイトルは、「白人至上主義と日本の大英帝国への攻撃」だった。邦訳書のサブタイトルは、「太平洋戦争もう一つの真実」となっている。「太平洋戦争」とあるが、この本は、まさに大東亜戦争を論じた本だ。帯では、「一九四一年、香港――『白人優越』の世界を日本軍が変えた。『純血の白人』以外は人にあらず！太平洋戦争は人種差別をめぐる戦いだった」とアピールしている。

大英帝国が、いかに有色人種を搾取し、差別し、有色人種を非人間的に扱っていたかが描かれている。そして日本軍が、強いはずのイギリス軍を、あっと言う間に降伏させてしまったこと。それに中国人が歓喜し、いかに日本軍を応援していたかが、詳細に述べられている。

実は二〇一一年に私もこの本を読み、衝撃を受けた。加瀬英明氏との共著で、『なぜアメリカは対日戦争を仕掛けたのか』や私の単著で『英国人記者が見た連合国戦勝史観の虚妄』（いずれも祥伝社新書）を出版した背景には、この本の存在も大きかった。

日本はアジア諸国と戦争をしていない

多くの日本人が、錯覚をしている。

それは、日本のメディアが「日本はアジアに対して侵略戦争を起こし、アジアの人々が二千万人も殺された」といった報道をするからだ。

二〇一六（平成二十八）年一月末に、天皇皇后両陛下がフィリピンを公式訪問され、日本とフィリピンの戦没者を慰霊された時もそうだった。

メディアが、「日本側の戦没者五十一万人。これに対してフィリピンの民間人犠牲者は、百十一万人に上った」などと報じるのだ。これだと、まるで日本軍の攻撃に、フィリピン軍が反撃し、フィリピンの民間人犠牲者が百十一万人であったかのような印象を与える。

そうではない。ここには、攻撃した側が言及されていないのだ。実際は、何が起こったのか。日本軍将兵五十一万を殺害したのは米軍である。原爆も使用していないにも関わらず、これだけの戦死者が日本側に出る米軍の攻撃が、どれほど激しいものであったか、想像を絶する。その殲滅にも等しい米軍の無差別爆撃、砲撃、火力の犠牲になったのが、フィリピンの民衆だった。

日本人は、悪かったのは日本の軍部、日本の戦時指導者と、そう思うように洗脳《プログラミング》されている。このため大虐殺を実行した側、アメリカのことはひと言も批判しない。東京大空襲も、全国各都市への無差別爆撃という国際法違反の民間人大虐殺も、悪かったのは東條英機ら「A級戦犯」だ、と批判する。これは、間違っている。いや、究極の自虐だ！

「日本が侵略戦争をした」とか、「日本軍がアジアに多くの犠牲者を出した」とか、「日本軍が、戦闘地域や占領地域で残虐行為をした」というのは、アメリカが自分側の罪を、日本と日本軍にすり替えたような、戦時謀略宣伝でしかない。

実は、『レイス・ウォー』にも、アトロシティーという表現が、頻繁に出てくる。一般に日本語に『残虐行為』と訳されているので、翻訳者の藤田氏は、あえて『残虐行為』と訳したそうだ。しかし、原書でアトロシティーと言及されている内容は、捕虜収容所の看守が、「ビンタ」を加えたことだった。これは、白人捕虜だけにしていたのではない。日本軍では制裁として日本軍内でも行われていた。

『レイス・ウォー』に驚いたのは、中国人をはじめ有色人種が、連合国側ではなく日本側を応援したり、日本側に共感している記述が圧倒的に報告されていることだ。

有名な『バターン死の行進』も、「少なくとも日本兵は、一緒に行軍した。白人なら、捕虜に荷物だけ運ばせ、自分たちはジープで移動したろう」との有色人のコメントで相殺している。実際に一緒に行軍した日本兵は、捕虜に荷物を持たせず、その分を日本兵が背負って行軍していた。

残虐行為については、「アメリカの高名なジャーナリストのセオドア・ホワイトは一九七五年になって、戦時中の体験について語った。『アジアで何年も取材したが、アジア人の白人に対する憎悪については、まったく書くことができなかった。アジア人は誰もが、我々白人全員を嫌悪していた。それは歴史をみれば、当然のことだろう』と、アジア人が耐えてきた植民地主義のもとで行われた、人種差別の歴史に言及した」とか、「中国人は日本軍が（白人に対する）残虐行為に及んだのは、白人を辱めて、アジアから追放するためだと思って、むしろ密かに喜んでいる」などと言及している。

そこで、連合国は事実を捻じ曲げて、「日本軍がアジア人に対して、ありとあらゆる『残虐行為』に及んでいる」というプロパガンダを行った。「日本軍が白人に対して『残虐行為』を行っていると報じると、かえって『アジア人のために戦う日本』のイメージを広めかねなかったからだった」というのが、その背景だった。

アジアを侵略したのは、白人キリスト教徒の列強諸国だった。実際に、列強が陣取り合戦をする「緩衝地帯」としてかろうじて独立を保っていたネパールとシャム（タイ王国）を除けば、東アジアの独立主権国家は、日本だけだった。他の全ての国は、ヨーロッパの列強を宗主国とする植民地だった。

日露戦争での日本の勝利によって、アメリカでは、黒人たちが熱狂的な日本支持者となっていた。白人に虐げられてきた黒人は、日本を救世主のように崇めた。『レイス・ウォー』から、抜粋しよう。

「一九一二年に、アメリカ政府の報告書は『この国の黒人が大きな関心と憧れをもって従う人種は、日本人をおいて他にない。アメリカの黒人ほど深い敬意を、日本に抱いている民族はいない』と述べている」

アメリカ政府は、「黒日同盟」を警戒していた。「世界黒人地位向上協会」（ＵＮＩＡ）を主催するマーカズ・ガーヴィーは、講演で「正義を求める我々の要求が認められなければ、黒人と白人の間で次の戦争が勃発する。黒人は日本に支援されて、勝利するだろう」と訴えた。

アメリカの黒人教育者のデュ＝ボイスは、「日清戦争の本質的な要因は、中国が白人の侵略に対して恭順を示す一方で、日本が白人の侵略に対して立ちはだかったことにある。中国の姿勢は、アジア版の『トムおじさん《アンクル・トム》』、つまり白人に媚びを売る黒人《ホワイト・フォークス・ニガー》と、まったく同じ精神構造ではないか」と、批判した。

大東亜戦争が始まると、アメリカの黒人たちはさらに勢いづいた。

「『ニューヨーク・アムステルダム・ニュース』のコラムニストＡ・Ｍ・ウェンデル・マリエットはジャマイカ人だったが、『日本人のもてなしは、誇りと思いやりに満ちたものだった』と回想し、一九四四年に日本の残虐行為が問題となった時には、『日本人がそんなことをするはずがない』と反駁した。このような感覚は、黒人に典型的なものだった」

「黒人メディアは、イギリスとアメリカが勝利すれば、『白人の優越』をさらに増長させると考え、『この戦争は人種戦争であって、日本は反撃に出たのだ』と論じ、アメリカ人かヨーロッパ人かの別を問わず、白人が犯してきた残虐行為を非難した」

『レイス・ウォー』は、膨大な資料を引用して、非白人世界が、いかに日本が白人列強との戦争に勝利することに期待していたかを、論じている。

『レイス・ウォー』は、白人である我々も読むべき一書だが、むしろ「日本は侵略戦争をした」とか、「日本は残虐行為をした」とか、「アジアの人々を苦しめた」と、信じている日本人こそが読むべき一書であると思う。そうした認識は、単なる連合国戦勝史観によるプロパガンダにすぎない。それは、史実ではないということが、まざまざと伝わってくる。

大東亜戦争は、日本にとっては、第一義的に『自衛戦争』であったが、結果的には非白人世界にとって、待望していた恩恵でもあった。白人に、奴隷のように扱われ、搾取された世界中の有色人種に、希望を与えたのだった。

第九章　連合国によって「創られた」裁判

東京裁判を受け入れた？

外務省のホームページには、次のように宣言されている。

「この裁判については様々な議論があることは承知していますが、我が国は、サンフランシスコ平和条約第11条により、極東国際軍事裁判所の裁判を受諾しており、国と国との関係において、この裁判について異議を述べる立場にはないと考えています」

これでは、一介のジャーナリストがいくら反駁をしてみても、連合国戦勝史観は変わらない。「日本国政府が、『東京裁判を受け入れた』と、政府のホームページで宣言している」と、そう反論されて終わりである。

東京裁判については、三島や評論家の村松剛氏の時代から、ずっと反論され続けている。加瀬さんや宮崎さんもずっと反論を続けている。反論は、徹底して続けるべきだ。ただ、反論をする必要がない日が、もう来なければならない。東京裁判開廷から七十年の歳月が流れた。

第一章における講演の質疑応答の際に、質問者の一人が「日本は、東京裁判を受け入れたと思うか」と尋ねた。

私の回答は、次の通りだ。

東條英機ら東京裁判の被告は、「自衛戦争」を主張し、結果として「死刑判決」を受けた。サンフランシスコ講和条約第十一条について、「日本は、講和条約十一条で『東京裁判を受諾している』から、日本は『侵略戦争』を認めた」と、大間違いをしている。国会議員や、あろうことか、過去には、首相や政府の閣僚中にも、そうした主張をしてきた人物もいた。

講和条約のそのような解釈は、『誤訳』だ。第十一条は、次の通りである。

〝Japan accepts the judgments of the International Military Tribunal for the Far East and of other Allied War Crimes Courts both within and outside Japan, and will carry out the sentence imposed thereby upon Japanese nationals imprisoned in Japan.〟

この英文は、「日本は東京裁判の『判決（judgments）』を受け入れ、日本で収容されている日本人受刑者の刑の執行を行う」という意味であって、それ以上でも、それ以下でもないのです。

国際法の専門家である佐藤和男博士は、次のように指摘している。

「第十一条の規定は、日本政府による『刑の執行停止』を阻止することを狙ったものに過ぎず、それ以上の何ものでもなかった。日本政府は第十一条があったために、講和の成立後も、東京裁判の『判決』中の『判決理由』の部分に示された、いわゆる『東京裁判史観』の正当性を認め続けるべき義務がある、という一部の人々の主張には、まったく根拠がない」

戦争は、講和条約の締結・発効をもって正式に終結する。

一九四五（昭和二十）年九月二日の戦艦『ミズーリ』号艦上での連合国との間での『降伏文書』（連合国側の命名）の調印は、ポツダム宣言の内容を条約化して、日本の停戦条件に合意したもので、法的には「休戦協定」だった。

連合国は、ポツダム宣言で日本が合意した戦争終結の条件を、確実に日本に実行させるために、軍事占領行政を実施したのだ。

サンフランシスコ講和条約が発効するまでは、国際法的には日本と連合国は「戦争状態」を継続していた。つまり、東京裁判は、連合国が軍事行動（戦争行為）として遂行したのである。

一九五一（昭和二十六）年九月八日の講和条約締結で、戦争は終結した。そして条約が発効した一九五二（昭和二十七）年四月二十八日をもって、日本が主権を回復したとされている。

「違法裁判は無効」という当たり前のことが無視されている

最初に述べた通り、私は二段階の反論をしている。

一、「東京裁判は違法裁判であり無効である。よって、被告は全員無罪である。その裁判を根拠とする全てのことがらも、無効である」

但し、裁判が無効だとするだけでは、「東京裁判」は覆《くつがえ》せても、歴史認識を正したことにはならない。

例えば、東京裁判が無効となっても、「南京大虐殺はあった」と主張することは、可能だ。そこで、いずれにしても、次なる証明をしてゆく必要がある。それが、次の反論である。

二、「日本は、国際法違反をしていない。連合国側の主張する侵略戦争や残虐行為は、事実ではない、捏造である」

まず第一の点から論じよう。できるだけわかり易く、だれでもが理解できるように、説明しよう。

裁判を勝手に開いても、無効だ！

例えば、あなたが不当だと思うことがあったとする。厳正な基準によって、あなたの側に正当性があると訴えたい時にどうするか。

ひとつの方法は、声をあげることである。ネットに書きこむ、雑誌や新聞に投稿する、テレビに出演してアピールするなどの方法がある。言論人などは、そうして立場を主張している。ジャーナリストも、取材にもとづいて記事にしている。しかし、自分と逆の立場や権利を主張する者がいた場合、主張は、言い合いになる。まあ、賛同してくれる仲間を増やしたり、世論を味方につけるという点では、そうした訴えは意味がある。

しかし、より中立に、或いは客観的に、どちらが正しいのか、判断をしてもらいたい時には、どうするか。それは、より上位、中立な立場の判断に委ねることになる。例えば、先生や専門家に判断してもらう、上司の判断を仰ぐ、長老に決めてもらう、第三者機関に調査してもらうなど方法はいろいろある。

そして、法治国家であるから、法律という基準で白黒をつけたいという場合は、裁判に訴えることになる。

そこで最も重要なのが、裁判それ自体の正当性だ。

当たり前だが、「許せない」と思っている者が勝手に「裁判」を開いても、そのような「裁判」は「私刑《リンチ》」に過ぎず無効である。また、「許せない」と思っている側が訴えて、それが正しい訴えかどうかを判断するのが、同じ「許せない」と思っている側だったとしたら、それは納得できないだろう。あまりに当然すぎて、それを言うことすら、バカバカしいぐらいだ。

例えば、新築のマンションが傾いてきたとする。売主と買い手が法律で決着をつけようという時に、住民が集会所に集まって勝手に「裁判」と言っても、売主は「無効です」と、当然言う。

例えば、指定暴力団の「A組」と「B組」が、抗争につかれて裁判で決めようという時に、裁判官が全員「B組」の法律顧問だとしたら、「ふざけるな！」と言って「A組」が抗争を再開するだろう。そんなバカな話は、受け入れられないからだ。

ところが、そのバカな話が、『極東国際軍事裁判』だったら、無理が通れば道理が引っ込むということか。

東京裁判では、判事が全員戦勝国、つまり連合国側だった。こんな不当な「裁判」はない。

東京裁判では、東條英機の弁護を担った弁護団副団長の清瀬一郎主任弁護人が、そもそも東京裁判を成立させる根拠がないことを問題提起した。

東京裁判は、昭和天皇の天長節（誕生日）にあたる四月二十九日に、起訴状を手交している。意図的にだ。そして死刑執行は一九四八（昭和二十三）年十二月二十三日。当時皇太子だった今上陛下の天長節（誕生日）に、処刑するとは卑劣なやり方だ。

法廷が開廷したのは、五月三日。起訴状の朗読に二日かかった。そして五月六日から罪状認否（被告人がそれぞれ、罪を認めるか否定するかを問う）をする予定だった。

ウエッブ裁判長が「これより罪状認否を始める」と、そう宣言した時に、中央に進み出て「裁判長、その前に前提となる動議がございます。それからまた、裁判官に対する忌避の申し立てもございます」と訴えたのが、清瀬一郎弁護人だった。

翻訳者の藤田氏は、清瀬一郎弁護人のご子息の清瀬信次郎氏には、いろいろお話をお伺いしたり、また孫にあたるK氏とは、同世代で、二十代の頃に現在のK氏の奥様とも共通の友人だったそうである。

清瀬弁護人の裁判所の『管轄権《ジュリスディクション》』（正当性）を問う動議と裁判官の資格を問う忌避申し立てに、ウエッブ裁判長は、どう答えたか。児島襄著『東京裁判（下）』（中公新書）等を参照しながら、東京裁判の不当性を以下論じていきたい。

ウェッブ裁判長は、まず、忌避申し立てに反応した。

「あなたは、裁判官の各々《おのおの》に、個人的に忌避を申し立てるのですか」

ウエッブ裁判長が、その理由を求めると、清瀬弁護人は、「まず裁判長、サー・ウィリアム・フラッド・ウェッブ閣下に対する忌避を申し述べます」と言って、（一）正義と公平の観点、（二）ポツダム宣言の趣旨の観点、（三）ニューギニアにおける日本軍の不法行為の調査、の三点を挙げた。

すると、ウェッブ裁判長は、「私は、私がニューギニアその他の地方で行った報告が、私が裁判長としてここに座ることに関係があるとは思いません。当法廷は、休憩します」と、声を震わせて宣言した。

検察官は、裁判官を務められない

東京裁判が開廷する前の五月一日の午後、清瀬一郎弁護団副団長を、ひとりの人物が訪ねた。重光葵外相の弁護を担当するジョージ・A・ファーネス大尉だった。

ファーネスは、ハーバード大学法学部を卒業し、ボストンとニューヨークで弁護士をしていた。戦争となって軍務に就いたが、公正を尊ぶ弁護士魂の持ち主だった。

『バターン死の行進』で、捕虜虐待の罪を被せられた本間中将の裁判の際に、ファーネスは裁判の無効を主張した。マッカーサー元帥が敗退した時の勝者を、今度は自分の側が勝者となって裁くなど、公正な裁きができるわけがないとの理由からだった。東京裁判も同様で、ファーネスは裁判を不公正だと考えていた。そこで弁護団がどのように闘うつもりであるかを、確認した。

清瀬は、『妨訴抗弁書』を準備していると言った。裁判の管轄権に異議を申し立てる、英米法の当然の手続きだった。

ファーネスは、もうひとつの戦術を清瀬に提案した。

「ぜひ、裁判長ならびに判事の忌避申し立てをすべきです。裁判長のウエッブについては、オーストラリアでも、その資格が疑問視されています」

ファーネスは、日本ではまだ知られていなかった情報を清瀬に伝えた。ウェッブは、日本の戦争犯罪について、オーストラリアで検察官を務めていた。検察官が裁判官を兼ねることはできない。当たり前のことである。

ファーネスは、『シドニー・モーニング・ヘラルド』紙に掲載された「判事、ウェッブ任命に疑問を表明」という見出しの記事を見せた。シドニー高等裁判所のブレナン判事の見解だった。

「サー・ウィリアム・ウェッブは、これまで日本の残虐行為の調査を行い、オーストラリアとイギリスの政府に、報告書を提出している。そのサー・ウィリアムが、東京の第一級戦犯法廷の裁判長を務める。諸外国は、この事態をどう判断するであろう。犯罪捜査を担当し、犯人の証拠を集めた刑事がいるとする。イギリスの法廷は、この刑事を犯人を裁く判事に任命するだろうか。この問題は、必ず提起される。その際、サー・ウィリアム・ウェッブは、不快な立場に置かれ、オーストラリアはバカ者扱いされるに違いない」

ブレナン判事は、「我が国をことさらの侮辱から救うために警告しているのだ」と、訴えていた。

ファーネスは、フランスとソ連の判事が法廷公用語の英語も日本語も理解できないことも清瀬に伝えた。これでは、法廷での一切のやりとりを理解できない。こうしたファーネスの裁判官忌避の戦略が、東京裁判の法廷での清瀬弁護人の訴えの背景にあった。

法理に従う法廷ではなく行政処分をする役所だった

忌避申し立てに、法廷は騒然となった。

キーナン首席検事が慌てて駆け寄り、清瀬弁護人を押しのけて発言しようとした。しかし、清瀬弁護人は陳述台にしがみついて離れない。キーナンは仕方なく、首をマイクに押しつけ「法廷への異議は、書面で提出すべきだ」と、叫んだ。

キーナン検事と裁判長が何やら相談し合う間も、清瀬弁護人は、背筋を伸ばして陳述台から動かなかった。

「忌避申し立ては、裁判所条例によって書面での提出を求められる一般的な動議、申し立て、請求のいずれとも違う。法廷において咄嗟に起こるものだ」と、陳述台を叩きながら訴えた。

ウェッブ裁判長は、休憩を宣言した。

およそ十五分の休憩後、裁判長席には、ニュージーランドの判事が就き「法廷の裁判官は、裁判所条例第二条にもとづき、連合国軍最高司令官マッカーサー元帥に任命されており、裁判所としては、どの判事も欠席とさせられない」と、動議はあっさり却下された。

しかし、問題は、この十五分間の休憩中に起こっていたことだ。

キーナン首席検事は、裁判長室に飛び込んできたのだ。そして集まっている裁判官たちの前で「無駄な時間の浪費は、マッカーサー元帥の占領政策に反する」と、声高に訴えた。それに対して、オランダのベルナルド・レーリンク判事、カナダのスチュワート・マクドーガル判事がウエッブ裁判長の立場に疑義を表明したものの、簡単に動議却下が決まってしまった。

忌避動議却下が告げられると、横のドアが開き、ウェッブ裁判長がおもむろに姿を現し、裁判長席に着いた。そして、「私は、私の前歴を、当法廷の裁判官を受諾する前に慎重に検討を致したのであります。私は、私の最も信用すべきあらゆる法律家により、私の説への支持を寄せられましたことに、確信を抱きました」と述べた。

これまた、茶番劇としか言いようがない。

首席検事が、裁判長室に入りこんで、「最高司令官の政策に反する」と、意見するというのは、どういうことであろうか。

この裁判は、マッカーサーの政策の実行部隊か。マッカーサーの占領劇の舞台の一幕か。それとも、そもそもが、マッカーサーの占領政策を行う行政局の一部門か。

検事が、裁判官に、法廷外の裁判長室で強圧的に意見に従わせようとするなど、ありえない話だ。

ジョセフ・キーナン首席検事は、ハーバード大学を出て弁護士となりフランクリン・ルーズベルト大統領の選挙戦を応援した人物で、この功績で政界入りし、司法長官補となった。終戦後はトルーマン大統領によって、日本の戦争犯罪捜査の法律顧問団の団長に任命された。法廷では、感情的になって話しだすと止まらないところがあった。マッカーサーに似て、全てを自分の思い通りに動かそうとする性癖があった。

明確な『管轄権《ジュリスディクション》』がなかった東京裁判

管轄権とは、裁判所が法廷で行使できる裁判権の範囲のことを言う。まあ、簡単に言えば「正当性」と言ってもいい。

例えば、法律も様々である。国際法、国内法、州法、軍法、刑法、民法など。裁判所は、まずその裁判権の範囲を明確にしなければ、混乱を生じてしまう。そこで、最初にジュリスディクションという管轄領域を明確にするのである。

清瀬一郎弁護人は、五月十三日に、管轄権を問題提起した。東京裁判は、ポツダム宣言の第十条を根拠にしている。第十条とは、次の通りである。

「我等の捕虜を虐待する者を含む一切の戦争犯罪人に対しては厳重な処罰を加えること」

これは、通常の戦時国際法などに従って裁判をすることになるので、特に大きな問題ではない。

問題は、マッカーサーによって出された『チャーター』、つまり『国際軍事裁判所条例』というものである。

その第六条に「次に掲げる各行為またはそのいずれかは、裁判所の管轄に属する犯罪とし、これについては個人的責任が成立する」とあり、「a　平和に対する罪。b　通常の戦争犯罪。　c　人道に対する罪」が掲げられたことだった。

いわゆる「A級戦犯」「B級戦犯」「C級戦犯」と言われる罪である。

bの通常の戦争犯罪――これは、問題ない。

問題は、aの「平和に対する罪」とcの「人道に対する罪」だった。

これに「罪を犯すための共同謀議」の四項目が、ドイツの戦争犯罪人を法廷で裁く上での起訴理由として、ニュルンベルク裁判で採用された。それを、東京裁判で踏襲したのである。

しかし、「平和に対する罪」や「人道に対する罪」は、戦時中には存在しなかった罪であり、

『事後法』にあたる。

そもそも、ポツダム宣言は、日本のみならず連合国も拘束する。連合国にも、最高司令官にも、ポツダム宣言に規定されていない罪で、裁判を行う権限はない。それは、国際合意違反である。

そもそも戦争は合法である。「侵略戦争」は、前述した通り、第二次世界大戦当時は、定義すら明確には定まっていなかった。

戦争を、「計画、準備、開始、遂行」することを罪とするなど、ポツダム宣言受諾当時、まったく前例がなかった。一九四五（昭和二十）年七月二十六日のポツダム宣言を日本は受諾したのであって、ニュルンベルク裁判の条例は、同年八月八日のロンドン会議の決定による。それを適用することは、罪刑法定主義に反し、法の不遡及の原則を逸脱している。

『事後法』によって戦争犯罪人を作り出した

例えば、今日から喫煙が違法となったとする。それなのに、喫煙を今日すれば、違法となり罪を犯したことになる。しかし、喫煙をしたのが昨日であれば、無罪である。これほど当たり前の話はない。

ところが東京裁判では、いわば「喫煙は、今日から初めて違法となったというのに、先週喫煙をしていたとして、逮捕、監禁し、エセ裁判で有罪にして、処刑した」というようなものなのだ。そのようなことをすること自体が、無法そのものである。

捕虜の不当な処刑は、国際法違反の戦争犯罪

戦時国際法で、捕虜は保護されている。捕虜を不当に処刑すれば、それは戦争犯罪である。東京裁判開廷中は、戦争中である。講和条約が締結されるまでは、休戦状態を意味する。降伏文書というのは休戦協定で、その調印は終戦ではない。その戦争期間中に、不当な裁判を行って、戦時捕虜を処刑したのがマッカーサーである。これは、明白な戦時国際法違反ではないか。完全なる復讐行為である。

一六四八年に三十年戦争を終結させたウエストファリア条約第二条は、国際法史上で有名である。

条約では、戦争が始まって以来の言葉、記述、暴虐、暴行、敵対行動、棄損、失費を、「交戦諸国相互に、永久の忘却、大赦ないし免罪があるべきものとする」と規定している。「全面的忘却《アムネスィア》」――すべてを水に流すこと――の精神は、戦争が燃えたたせた国家間の憎

悪を鎮めるために必要とされた。

東京裁判には、アムネスティ精神をないがしろにした怨念が感じられる。

東京裁判自体が、悪質な国際法侵犯の事例として非難されるようになったのは、東京裁判が、「不戦条約によって『侵略戦争』は犯罪――平和に対する罪――にされている」と連合国側が独断で主張し、「日本の戦争は――少なくとも日本の『自己解釈権』の行使に於いては、『自衛戦争』と認められるにもかかわらず――『侵略戦争』である」と強弁して、東條首相（当時）以下の戦時指導者個人に、『戦争責任』を追及したことにある。

このようなことは、前例がなく、また実定国際法の許容するところではなかった。法は遡及して罪を問うことはできない。事後法となるからである。「法なければ、罪なし」は、誰でもわかる明白な根拠だ。ところが、連合国側は、「平和に対する罪」なるものを創《つく》って裁判を行った。「平和に対する罪」は、一九二八年のパリ不戦条約で成立したなどという主張は、多くの国際法学者が認めていないし、ユナイティッド・ネイションズの国際法委員会も否定している。

これを支持することこそ、文明への冒涜であり、復讐を合法とするようなものだ。これでは戦争が終わるどころか、殺されたら、殺し返すという社会を認めるようなもので、「裁判所」すらいらない世界を生みだすことになる。東京裁判を受け入れることは、そういう社会を肯定し、支持することである。世界中の識者が、東京裁判を批判したのは、当然のことだ。

『勝者の裁き』を白日の下にさらしたベン・ブルース・ブレイクニー少佐

東京裁判には、まだまだ不当な復讐劇だった観点はたくさんある。いくつか例を挙げよう。

《証拠の採用、不採用》

証拠は、例えば検察（連合国）側は、宣誓供述のない供述書も、証拠として採用された。一方の弁護側は、提出証拠の多くを却下された。

《被告人の選定、釈放》

二十八名の被告が決定された。しかし、なぜ二十八名だったか。理由は、法廷の被告席のスペースに合わせて人数を決めたからだ。裁判の後半になると、裁判を早く終結させたいアメリカの政治、外交、軍事上の理由（冷戦が始まった）から、まだ裁判が済んでいない被告も放免された。

そもそも、マッカーサーが決めた「戦争犯罪」によって進められた一方的な裁判なので、アメリカが裁かれることはなかった。所詮「ヴィクターズ・ジャスティス（勝者の裁き）」にしかすぎなかった。

検察側に不利な論陣を被告や弁護側がすると同時通訳は止められ、速記録からも削除された。

ただ、アメリカでひとつ立派だったと思うのは、アメリカ人弁護人たちだった。彼らは、祖国に対しても、法の正義の立場から堂々と日本弁護の論陣を張った。これは、個人主義の国とは言え、実に立派であり高い評価に値する。

特に、『勝者の裁き』を明白にした梅津美次郎大将（関東軍総司令官）の弁護人だったベン・ブルース・ブレイクニー少佐の反駁は、凛として正義の光を放っていた。

「キッド提督の死が真珠湾攻撃による殺人罪になるならば、我々は、広島に原爆を投下した者の名を挙げることができる。投下を計画した参謀長の名も承知している。その国の元首の名前も承知している。彼らは、殺人罪を意識していたか？　してはいまい。我々もそう思う。それは彼らの戦闘行為が正義で、敵の行為が不正義だからではなく、戦争自体が犯罪ではないからである。何の罪科でいかなる証拠で戦争による殺人が違法なのか。原爆を投下した者がいる。この投下を計画し、その実行を命じ、これを黙認したものがいる。その者達が裁いているのだ。彼らも殺人者ではないか」

ジョージ・ファーネスの思い出

東京裁判で重光葵の弁護を担当したジョージ・ファーネスを、彼の晩年に見かけた。ファーネスが活躍した時代は戦後の占領期で、私が日本にやって来たのは既に高度成長期も始まり、東京オリンピックが開催された一九六四（昭和三十九）年だった。

魅力的なヤンキーの紳士だった。ドイツ風の男性ファッションで、背が高くスラッとして、いつも明るく微笑んでいた。私は、別世界の住人という印象を持った。

実にオーラがあった。私が来日した六〇年代にはもう仕事もしていなかったろう。カジュアルな格好を好む人からすれば、ファーネスは時代遅れとなっていた。しかし、スラッとしてエレガントで、周囲の人とは全くちがった雰囲気を醸し出していた。東京のどこでも会ったことがない独特の存在感だった。

彼はリチャード・オーディック・ヒューズというイギリスのジャーナリストと親しかっ

た。

ディック・ヒューズの出身はオーストラリアで、イギリスの『サンデー・タイムズ』の記者として、香港を拠点に取材活動をしていた。彼の上司は、ロンドン本社外信部のイアン・フラミングで、ジェームズ・ボンド・シリーズの著者でもあった。ディック・ヒューズ自身は、情報機関の出身だった。

ファーネスとヒューズは、時代体験と知識を共有していた。その知識と体験は、一九三〇年代にまで遡った。二人は、かなり共通の体験や記憶があったはずだが、東京裁判で判決が出た一九四八（昭和二十三）年から、ファーネスは弁護士としてクライアントがついて東京に留まることになったのだろう。そうでなければ、東京を離れていたはずだ。クライアントは定かには言えないが、恐らく三菱もクライアントのひとつだった。

ファーネスは、日本にいて快適な生活を送っていた。日本人にも感謝され、厚遇された。きっと日本に親しみを持つようになったのだろう。だから、日本で人生を全うした。日本が好きでなかったなら、生涯を日本で過ごすことなどできない。一方のヒューズは、その後香港へと移り住んだ。

私はある日、ファーネスとディック・ヒューズに、ちょうど日本外国特派員協会がある有楽町電気ビル（当時）を出たところで遭遇した。二人は、とても仲良く歩いていた。既に八〇年代になっていたと思う。二人は、それからほどなくして他界した。

二人がいっしょに歩いているところに遭遇した時に、偶然に家内も一緒だった。家内は、「ああ、このお二人の紳士は、別世界の方々ね」としみじみとつぶやいた。

戦後になって多くのアメリカ人がやってきた。外交官、弁護士、軍人、ビジネスマン……。しかし、戦後にやってきた誰ひとりとして持っていない風格を、ファーネスは持っていた。エレガントで、凛として、品が良く、礼節を持った、優れたヤンキーの紳士の存在感を、ファーネスは持っていた。戦後、出会う事がなくなった戦前の人物だった。いや、戦前、戦中でも少ない古風なアメリカの紳士だったかもしれない。

家内は、二人が誰であるかを全く知らなかったが、彼らがただ者ではないことは直感した。私は、戦前や戦中のことを知っている人物に関心があったので、直ぐに彼らが誰か気づくことができた。

ファーネスたちは、何人もの日本人の「召使い《サーヴァント》」を雇うライフスタイルを送っていた。洗濯や掃除はもちろんのこと、料理人を雇って食事を用意させ、給仕がテーブルへ運ぶ上流社会の生活様式だった。自宅に大勢の客を招いてのディナーやパーティーも頻繁だっただろう。そういう社会階層の中で、裕福な生活を享受していた。そういう意味で、家内は「彼らは別世界の人たち」と思ったのだろう。

六〇年代当時は、私でさえも家政婦《メイド》が家にいた。高級車に乗り、運転手《ショウファー》もいた。日本人の運転手は帽子を被って、制服を着ていたものだった。

こうした時代は、ドルショックが起こって、金本位制度が崩壊し、一ドル三百六十円という為替の固定レートが終焉した一九七一（昭和四十六）年まで続いた。その時点で、私は家政婦を解雇して、それ以来は家政婦を雇っていない。

当時私は、再び独身をかこっていて、まあその間隙をついてあき子が現れて、私の妻となった。

ファーネスは、特権階級の世界に生きていた。社交クラブで仲間と過ごし、週末は箱根か軽井沢あたりの別荘でくつろぐ。アメリカや日本の友人と手紙のやりとりをして過ごす。日本語がどの程度できたのかは、知る由もないが、いずれにしても彼は「別世界」で生活をしていた。

私はファーネスに声をかけなかった。「別世界」で悠々自適に戦後を送る彼を妨げたくなかったし、世間知らず《ナイーブ》なジャーナリストと思われたくなかった。まあ当時は、自分を「世間知らず」とは思わなかったかもしれないが、いま思えば純朴《ナイーブ》すぎた。少し遠慮が過ぎたかもしれない。

ファーネスは、日本外国特派員協会にも、何度も来ていた。記者会見にではなく、メイン・ダイニングで、友人と会食を楽しんでいた。小さな白いひげを生やして、ジョン・レノンのような小さな丸い眼鏡をかけていた。イギリスの紳士のような上着を着ていた。

占領が終わって、日本にも「戦後」というまったく戦前と違った世界が訪れた。しかし、戦後の日本が完全に占領の呪縛から解かれ、独立主権を回復したというワケではない。そして今も、そんな戦後は訪れていない。

文明に逆行する東京裁判を日本は絶対に認めてはならない

韓国の大手新聞社の論説委員が社説に、日本に原爆が投下されたのは、日本が犯した罪に対する報いだという主旨のことを書いた。この論説委員は謝罪をしたようだが、とんでもない主張だ。

アメリカも原爆投下を正当化する主張をしている。原爆投下が戦争を早期に終結させ、貴い多くの人命が救われたというが、これもウソだ。戦争の終結に、原爆を投下する必要はまったくなかった。

おかしいことは日本側にもある。どうして原爆を落とされた側が、「二度と過ちはおかしませんと」反省しなくてはならないのか。謝罪すべきは、原爆を投下したアメリカ側だ。東京裁判でのブレイクニー弁護人ではないが、裁かれるべきは、日本ではなくアメリカである。しかし、アメリカが原爆投下について、謝罪をしたことはない。

米国上院外交防衛合同委員会でのマッカーサーの発言は重要だが、東京裁判に意味がなかったことをマッカーサー自身が認めたことになる。

マッカーサーは、朝鮮戦争を戦って、初めて日本が自衛戦争を戦っていたことに気づかされたのだ。日本側の主張が正しかったとわかった。

ドイツは、早い段階で謝罪をしている。第二次大戦が終わると同時に、謝罪をして仕切り直しをして戦後をスタートした。なぜ日本はドイツのような対応ができなかったのだろう。ひとつの理由は、日本では占領期間が長かったことだ。六年間の占領期間中は、マッカーサーの許しがなければ、何もできなかった。ドイツには、そのように厳しい占領期間がなかった。国を二つに分断して、東西ドイツ両国がそれぞれに謝罪をした。

占領が終わった時に、遺憾の意を表明できたかもしれないが、実際は難しかったろう。ドイツは、第一次大戦でも敗戦の体験がある。しかも第二次大戦でドイツは、ヒットラーがユダヤ人に対して犯した罪が明白だったので、謝罪もしやすかった。国家の責任ではなく、ヒットラーとナチスに一切の責任を被せている。それ故、ニュルンベルグ裁判も、短期間で結審した。

ところが日本にとっては、歴史上初めての敗戦だった。どのように受け止めていいのか、対処の仕方がわからなかった。しかし終戦後から既に七十五年の歳月が流れている。もういい加減に敗戦後遺症からは、脱却する時だろう。

いまだに占領の呪縛《じゅばく》の下にある日本

ここに日本国憲法の英文がある。そもそも占領下で憲法をつくることは、国際法違反だ。マッカーサーは、わずか一週間で憲法を作らせた。しかもその作業にあたったスタッフには、憲法の専門家はいなかった。連合国憲章《ユナイテッドネーションズ・チャーター》などを参考にして、作文したものだった。

スタッフの中にただ一人の若いドイツ系の女性がいた。ケーディスは、彼女がただ一人で、日本国憲法の草案の中の女性の権利に関する条項を書くことを任せた。

日本を弱体化し、二度と戦争を起こすことなどできない国にする条約が日本国憲法だ。憲法前文もまるで条約そのもので、日本を絶対に再びアメリカに対して戦争を起こしたりすることのない国として誓約させようという意図がありありと盛り込まれている。

いま日本国憲法に関する本の出版ブームが起きていて、書店には憲法関連の本がいっぱい並んでいるそうだ。「平和憲法」などとアピールされ、洗脳されてしまっている「市民」がほとんどだが、冷静にその前文を読んでみれば、それが「属国条約」であることがよくわかる。

憲法前文で誓約させられていることは、端的に言うと、「日本人は、その生存をアメリカに委ねる」ということだ。もう少し拡大すれば、連合国の常任理事国であるロシアや中国に、日本はその運命を委ねますということになる。こんな憲法を保持していて、どうして独立主権国家だなどと言えるであろうか。

こうしたアメリカの属国、保護領としての日本の立ち位置を変えさせないための枷《かせ》が、三分の二以上を得ないと憲法を改正することができないという第九十六条だ。

三島が市ヶ谷で訴えたことも、そういうことだ。魂から降伏してしまって、アメリカの傭兵となってしまったら、日本は日本でなくなってしまう。日本は、占領下で国際法に違反して制定された憲法を護っている限り、アメリカの属国、保護領としての立ち位置から独立することはできない。

日本は、日本の歴史と文化と伝統に立ち、日本の独立を明確に定めた自主憲法を制定し、国軍を持つべきである。それなくして、日本が独立国家となることなど、あり得ない《ノー・ウェイ》ことだ。しかし多くの日本人は、あり得る《イット・ダズ》と思っている。しかしそれは、あり得ない《イット・ダズント》。

日本が海外で誤解され、その立場が認識されていないのは、日本が効果的な発信をしていないことが理由だ。日本の立場を弁護する主張が英語で発信されてこなかった。あったのは、謝罪だけだ。

日本が、日本の立場を発信して来なかったのである。これから為さねばならない仕事は、山ほどある。「南京大虐殺」などは、その良い例だと言えよう。特に歴史認識に関しては、「史実を世界に発信する会」をほぼ唯一の例外として、日本側の主張が世界に英語で発信されていない。残念ながら、今もって中国側は情報戦争で日本に勝っている。日本は完全に圧倒され、中国にしてやられている。

世界中の人々は、南京で日本軍は三十万人の中国人を虐殺したと思っている。日本が、それに対して充分な反論を展開していないからだ。この点では、完全に失敗に終わっており、いまのところその世界世論が変わる兆しはまったくない。慰安婦問題でもそうだ。安倍政権は、いままでの政権よりは、少しは発信しているが、まだお役所仕事か、他人事のように思われるぐらいしか、世界に日本の立場を訴えられていない。

これからの「進撃」に、期待したい。

第十章　東京裁判七十年の虚妄を打ち破れ！

世界が認めていない東京裁判

東京裁判は、「裁判」の体をなさない、復讐劇であり、マッカーサーが命令によって戦時捕虜を殺害した「私刑《リンチ》」だった。国際法が定める戦時捕虜の不当処刑にあたる。つまり、東京裁判は、「違法裁判」だったのだ。

まともな人間であれば、こんな茶番劇を、肯定できるはずがない。事実、東京裁判の判事は、ウェッブ裁判長以下全員が、「あの裁判は間違っていた」という主旨を、裁判後になって述べている。当時のアメリカ政府の要人も、当局者も、軍のトップも、まともな人間は、東京裁判を否定している。私もそうした見解のごく一部を、本に書き、講演でも紹介してきた。

藤田氏によると、ハート出版から刊行されている『世界が語る大東亜戦争と東京裁判』(吉本貞昭著)という名著があるそうだ。アジア・西欧諸国の指導者・識者たちの名言集である。英語では、一般に『ブック・オブ・クウォーツ』というが、「引用辞書」というものがある。

役立つので、ぜひご活用頂きたい。ハート出版の前掲書には、私が単独インタビューをしたことのあるインドネシアのスカルノ大統領をはじめ、面識のある方々も引用されている。重版の際には、私の発言も引用して下さることを期待している。

英文「判決」は、七月にできあがっていた

東京裁判の問題点は挙げればきりがない。しかし、最大の問題点は、東京裁判が「八百長」だったことだ。再び『東京裁判　(下)』(中公新書) を参照しながら、そのインチキ劇場を検証しよう。

一九四六(昭和二十一)年四月二十九日(昭和天皇誕生日)の起訴状手交から、一九四八(昭和二十三) 年十二月二十三日 (上皇陛下の誕生日) の午前零時一分に、待ち構えたかのように東條英機ら七人の死刑執行が為されるまで、シナリオができ上がっていた。

東京裁判の「判決」は、昭和二十三年七月末に英文が完成した。次の通り十章からの構成だ。

第一章「本裁判所の設立及び審理」

第二章「法」
第三章「要約」「日本の負担した義務及び取得した権利」
第五章「軍部による日本の支配と戦争準備」
第八章「日本の中国に対する侵略」
第七章「ソヴィエト連邦に対する日本の侵略」
第八章「太平洋戦争」
第八章「通例の戦争犯罪（残虐行為）」
第九章「起訴状の訴因についての認定」
第十章「判決」

そして、その後に「刑の宣告」が、行われることになっていた。

昭和二十三年八月二日、東京芝白銀の服部時計店主宅「ハットリ・ハウス」に、法廷の二世通訳の小野寺正ら九人の軍属と、二十六人の日本人翻訳者が集められ、「判決」の翻訳が開始された。十九日には、東大教授の横田喜三郎が加わった。判決は、英文で約三十万語、千二百十一ページという膨大な量だった。当初は、六週間で終わる予定が、最も大切な法律論に手間取って、完成したのは十月終わりだった。

「少数意見」は、黙殺された

いまでこそ、「パール」判事の東京裁判での『判決書』のことはよく知られている。その「第七部　勧告」の冒頭で、全被告の無罪を主張したことも、よく知られている。

しかし、パール判事ら判決と異なる「少数意見」は、東京裁判ではまったく無視された。判決文の内容に、そうした「少数意見」はまったく紹介もされず、反映もされていない。完全に黙殺されたのだ。

日本に国家主権がない中で、軍事占領という軍事的圧力を加えつつ、公平に裁判するべき裁判所側が全て連合国の代表で構成される。これだけ一方的な『勝者の裁き』で、公平な裁判ができるはずがない。

その上、弁護側に有利な反論が為されると、速記録には記録を残さない。同時通訳はストップして、その反論を聞かせない。つまり、裁判は「有罪」という『すでに決まっている結論』に導くための道具でしかなかった。裁判をする前に判決が決まっていた「裁判」が、東京裁判である。東京裁判がそのようなものであったことを理解するために、陰謀を検証するような極秘資料を捜査発見する作業はまったく必要ない。公開されている資料だけで十分だ。その点は、「密室」でないところが、堂々たる「影響力の行使」とも言える。「裁判を一方的に捻じ曲げられるのだぞ。どうだ、アメリカのパワーはすごいだろう」と、見せつけるための演出か。

しかし当時、GHQは、一〇〇パーセントの言論統制を敷いて、『東京裁判への批判』や『大東亜戦争の肯定』、『GHQへの批判』など、一切することができなかった。それだから、こうした不条理も、平然と押し通せたのだ。

『判決の日』——昭和二十三年十一月十二日

パール判事の『判決書』は、英文で約二十五万語、日本文訳一千二百十九ページという膨大なものだった。昭和二十二年一月に書き始め、昭和二十三年七月に脱稿した。

東京裁判には、五十五の訴因があった。

しかし、最終的に訴因は、十に絞られた。十の訴因とは、訴因第一（一九二八年〜一九四五年における戦争遂行の共同謀議）、訴因第二十七（対支那戦争遂行）、訴因第二十九（対アメリカ戦争遂行）、訴因第三十一（対イギリス戦争遂行）、訴因第三十二（対オランダ戦争遂行）、第三十三（対フランス戦争遂行）、訴因第三十五（張鼓峰事件遂行）、訴因第三十六（ノモンハン事件遂行）、訴因第五十四（「残虐行為」の命令、授権、許可）、訴因第五十五（「残虐行為」の防止責任無視）であった。

十一月十二日午後一時半、ウェッブ裁判長は被告ごとの罪状判定に移り、死亡した松岡洋右と永野修身および訴追免除の大川周明を除く二十五人全員を有罪とし、該当訴因を指摘した。

午後三時三十分、ウエッブ裁判長は、「インド、フランス、オランダ代表判事の一部反対意見、フィリピン代表判事の賛成意見、また裁判長自身の意見が提出されているが、代読しない」と述べ、十五分後に『刑の宣告』を行うとして退席した。三時五十分、判事団が再び入廷した。予定より五分遅れたのは、パール判事が自身の少数意見の朗読を求めたためだった。しかし、裁判長は拒否した。

刑の宣告は、アルファベット順に、一人一人行われた。それぞれの被告の名が呼ばれ、刑が宣告された。その宣告は、全国にラジオで放送された。「インプリズンメント・フォー・ライフ（終身刑）」「デス・バイ・ハンギング（絞首刑）」といった生死を分ける判定の声が、淡々とお茶の間、職場、街頭に響いた。

死刑判決を受けたのは、アルファベット順に、土肥原賢二大将、広田弘毅元首相、板垣征四郎大将、木村兵太郎大将、松井石根大将、武藤章中将、東條英機元首相（大将）の七人だった。

午後四時十二分、ウエッブ裁判長が「これを以て、極東国際軍事裁判を閉廷する」との宣言で東京裁判は終わった。

死刑判決は、どのように決まったか

密室で十五分、いや二十分であったにしても、どのように刑が確定したのか、当時は知る由もなかった。ただ、首相経験者とは言え、文官の広田弘毅が死刑になることは想定外だった。十一人の意見は、「六対五の一票差で決まった」との噂が流れた。

十一人の判事が、どのように判断をしたのか。AP通信のフランク・ホワイト記者が判事の一人から聞いた情報や、カニンガム弁護人が大島浩元駐独大使に伝えた内容などから、二三六ページの予測がなされている。

「出来レース」の裁判

この死刑判定に至った「密室」でのプロセスが問題だ。私は、この部分が最大の『不当判決』の根拠だと思っている。これは、法律家とか歴史家ではなく、ジャーナリストとして世界の三大紙の東京支局長を務めてきた者として、報じる責任があるとの信念を持っている。

東條英機をはじめとする七名の被告は、死刑判決を受けた。だが、まず第一に、国際法で「戦争責任」を、戦争をした国の元首やその国のリーダー個人の責任とすることは、国際法上認められていなかった。つまり、端からそれは、違法行為である。

これほど明々白々な国際法の原理原則を、なぜ逸脱して死刑判決を出せたのか。どういうプロセスで、判事たちは「死刑」と主張したのか。判事たちは、国際法の素人ばっかりだったからか（実際、国際法の専門家はパール判事のみ、裁判の判事として有資格者は、パール判事とレーリンク判事ぐらいだった）。

それにしても、国際法で国家指導者個人を戦争犯罪で裁くことが無理であることは、原則であり、基本ルールである。その基本ルールを捻じ曲げてまで、いや越えてまで「死刑」の判断に至る理由《ラショネール》は、何であったのか。

単純明快なことは、そんな「死刑」にするか、しないかの理由《ラショネール》など全く関係なく、問題ではなかったのだ。「裁判」は、端から「有罪」にすることに、決まっていたのだから。

つまり言葉は悪いがパール判事も、その茶番劇に二年八カ月まじめに取り組まされたのだった。

判事投票内容（推定）

被告＼国別判事	荒木貞夫	大島 浩	木戸幸一	嶋田繁太郎	広田弘毅	東條英機	土肥原賢二	松井石根	武藤 章	板垣征四郎	木村兵太郎
米国	×	×	○	○	×	×	×	×	×	×	×
英国	×	×	×	×	×	×	×	×	×	×	×
中国	×	×	×	×	×	×	×	×	×	×	×
フィリピン	×	×	×	×	×	×	×	×	×	×	×
ニュージーランド	×	×	×	×	×	×	×	×	×	×	×
カナダ	○	○	×	○	×	×	×	×	×	×	×
オランダ	○	○	○	×	○	×	×	×	×	×	×
オーストラリア	○	○	○	○	○	○	○	○	○	○	○
ソ連	○	○	○	○	○	○	○	○	○	○	○
フランス	○	○	○	○	○	○	○	○	○	○	○
インド	○	○	○	○	○	○	○	○	○	○	○

○＝死刑反対　×＝死刑賛成

大川周明が、裁判冒頭で東條英機の頭をひっぱたいた。あれは、狂言だったろう。突然の奇行に、頭を叩かれた東條英機もつい苦笑し、並みいる被告や検事、弁護人も呆気にとられた。しかし、よく考えてみると、大川周明の行動のほうがまともだったかもしれない。「こんな茶番劇に、つきあって、真面目に反論するほうが、バカバカしい。結論は決まっている『八百長レース』だろうが。皆んな目を覚ませ！」

そう表現、演出したのだったら、大喝采をしたい。

判事は、連合国側の人間だ。検察側の検事と同じ連合国側の立場になってもまったく不思議ではない。つまり、たとえ裁判がまともで（検察が裁判所を兼ねている時点で、まともではないが……）、正当に推移して判決に至ったとしても、半分は「出来レース」だ。裁判の原告側の団体と、裁く裁判官が同じ団体に所属するその団体の顧問弁護士（ありえないが）だったとしたら、原告は、何と思うだろうか。それだけで、大川周明は、「アホくさい」と、「まともにつきあっていられるか！」と、そう思ったのかもしれない。私だったら、そう思う。

但し、日本に主権がなく、言わば連合国軍最高司令官マッカーサーに「主権」があったような軍事的圧力下で、当時の日本は、こんな不当な「裁判」も受け入れざるを得なかったのだろう。それでも、「平和に対する罪」や「人道に対する罪」で裁判をされる理由はない。

戦争責任を個人に帰した「死刑」判決

前述したように、戦争責任を個人に帰すことは、国際法違反だ。そもそも、東條英機ら当時の日本の国家の政治、軍事の指導者を、国際法上は裁くことができないのである。天皇にも、そもそも国際法で、戦争責任は問うことができない。

さらに、いかなる裁判でも、「死刑」というような『極刑』、最高刑の判決を下す時は、判事は慎重になるものなのだ。単純多数決で、微妙な判定差の場合、「死刑」という最高刑は下されずに、無期懲役などにされる。なぜか。

例えば、親族を殺害されたという原告は、当然に、「相手も殺されるべきだ」と、そう思うし、そう願うのが普通だからだ。

戦争の場合には、一方的な被害者や一方的な加害者はいない。

双方に、被害があり、加害がある。日本の「喧嘩両成敗」とは、実に「和」を生みだす見事な発想である。

ただ現実は、「喧嘩両成敗」とはいかない。東京裁判では、戦勝国が『原告』で、日本が『被告』にされた。さらに判事が全員戦勝国側という、戦勝国による『勝者の裁き』だった。

戦争では一般に、相手に最大の被害を与えたほうが戦勝国になる現実がある。

敗戦国とは、戦勝国より多くの犠牲者を出した国のことである。だから、戦争に負けた。勝ったほうは、最大の犠牲を、相手国に与えたにもかかわらず、戦勝国にも当然にいる犠牲者の「仇討」をしたいと思う。ただ、敗戦国には、それ以上の犠牲者がいる。戦勝国が、勝ったからと言って、一方的に「仇討」をしてはならないのだ！

まともな国際法廷の判事であれば、そのようなことは前提で、そうであれば、「死刑」にはより慎重になるはずなのだ。

パール判事の『日本無罪』論を検証する

南京戦の司令官で、いわゆる『南京大虐殺』の「罪」を被せられて絞首刑にされた松井石根大将の秘書だった田中正明氏が、占領期間中にパール判決書を「地下翻訳」（見つかれば、逮捕・処刑される）し、主権回復となった一九五二（昭和二十七）年四月二十八日に出版した。いわゆるパール判事の『日本無罪論』と一般に呼ばれるものだ。

近年、評論、解説書などでその存在が広く知られるようになり、現在も全文を読むことができるパール『判決書』の内容は、この時まで、一般に知られることはなかった。

しかし、このパール判事の判決書の内容は、「判決」には一切反映されていない。その内容が紹介されることもなかった。本来なら、もし「判決」が有罪であったとしても、なんらかの形で「少数意見」を、裁判の判決理由に残すべきであった。実際に、ギリギリまでパール判事は、「密室」でそのことを訴えた。『刑の宣告』直前の休憩時間のことだった。しかし、それは叶わなかった。

私は、パール判事や東京裁判の弁護人、或いはアメリカの要人、世界の識者などが、東京裁判をどのように見ているのかに興味があった。藤田氏とは、『「パル判決書」の真実』（渡部昇一著　PHP研究所）の英訳版を使って、様々な議論をした。パール判事が、東京裁判でどのように論じたかは、貴重な資料である。その一部を、前掲書から引用し、私見を加えたい。

マッカーサー条例《チャーター》について、パール判事は「文明の抹殺」と言葉を極めて非難した。

「勝者によって今日与えられた犯罪の定義に従っていわゆる裁判を行うことは、敗戦者を即時殺戮した昔と我々の時代との間に横たわるところの数世紀にわたる文明を抹殺するものである」

「かようにして定められた法律に照らして行われる裁判は、復讐の欲望を満たすために、法的手続きを踏んでいるようなふりをするものにほかならない。それはいやしくも正義の観念とは全然合致しないものである」

「様式化された復讐のもたらすところのものは、たんに瞬時の満足に過ぎないばかりでなく、窮極的には後悔をともなうことは、ほとんど必至である」

このパール判事の「正義」という観点からの主張を読んだ上で、東京裁判を肯定、支持する者がいたとしたら、その人物の正義感を疑う。

東京裁判を、支持する者こそ野蛮であり、東京裁判及びそれによって確定されたかのような歴史観は、正されるべきである。

その後、このパール判事の痛烈な発言が効いたのか、面白い展開があった。

一九五〇年十月十五日、ウェーキー島でトルーマン大統領とマッカーサーの会談が行われた。その際に同席したハリマンが「戦争犯罪人」について尋ねると、マッカーサーは「戦争犯罪人などに手出ししてはいけない。うまくいくものではない。ニュルンベルグ裁判や東京裁判は戦争の抑止力にはならなかった。"Don't touch the war criminals. It doesn't work. The Nurnberg trials and Tokyo trials were no deferrent."」と語っている。マッカーサーは、正に「こりごりした」というぐらいに反省し、自らの失敗を認めていたのだ。

原爆投下は、戦争を早期に終わらせるためだとするアメリカの主張にも、パール判事は「みずから指令した残忍な方法を正当化するために、ドイツ皇帝が述べたといわれている言葉と、第二次大戦後これらの非人道的な爆撃を正当化するために、現在唱えられている言葉との間には、さして差異があるとは本官には考えられないのである」と述べ、戦勝国側の意表をついた。第一次大戦でドイツ皇帝のウイルヘルム二世は、オーストリア皇帝に宛てた手紙で「この戦争を早く終えるためには、国民を殺してもいいし、民家を略奪してもいい。とにかく戦争を早く終えたほうがいい」と書いたとされている。

東京裁判開廷中は占領下で、それはつまり戦争状態は継続していたということである。「裁判は軍事行動だった」と前述したが、パール判事は一九〇七年のハーグ第四条約に言及して、東京裁判の被告の取り扱いについて、次のように訴えた。

「戦勝国が国際法上の当然の手続きによることなしに、これらの俘虜を『処刑する』としたならば、その行為は戦勝諸国による『厳密なる意味における』『戦争犯罪』となろう」「訴追されている諸行為が現存国際法のもとでなんらの犯罪をも構成していないとすれば、勝者の下した新しい犯罪の定義をもってそれらの行為をなした人々を裁判し処刑することは、勝者自身が『戦争犯罪』を犯すことになるであろう」

結果として戦勝国は、東條英機陸軍大将以下の戦時捕虜を、いわゆる「A級戦犯」としてて不当に処刑した。

そのこと自体が「戦争犯罪」であるという観点は、軽々しく「Ａ級戦犯」などと二十一世紀の今日になって言う事それ自体も、我々自身が「戦争犯罪を肯定している」ことになると、パール判事は予言している。我々自身が、肝に銘じるべきだろう。

パール判事は、さらにこう主張する。

「犯罪にたいして裁判を用い、刑罰を科する手段は、戦争に敗れたものにたいしてのみ適用されうるという段階に国際機構がとどまるかぎり、刑事責任の観念を導入しても、とうてい制止的と予防的な効果を期待しうるものではない」

かつて「進歩的文化人」と呼ばれた知識人たちがいた。彼らは、いわゆる「東京裁判史観」を賛美した。

しかしパール判事の主張に耳を傾けると、東京裁判のどこが「進歩的」「文化的」なのか、とまざまざと思う。

「勝者が敗者を処刑する。その同じ刑罰が勝者には問われることがない」という「裁判」は、進歩的どころか、文明以前の世界の姿へ我々を引きもどす。東京裁判を肯定し賛美することは、その意味で文明の退行だ。

「かような団体（国家主権を尊重する国際協力する団体、国際連盟）の中での平和は、たんに消極的な概念にすぎず、それは戦争の否定または『現状』を維持するという保証以外のなにものでもないのである。現在においてさえ、（資源および物資の）配分作用は、各国それぞれみずからのために行うよりほかに途がない有様である。国際関係の基底をなすものは、依然として列国たがいに競い争うところの闘争であり、その闘争の解決のための裁判官はもちろん、その解決の執行機関も、またそのための決定の基準さえ、まだ存在しない」

「被支配国民、隷属国民は今日依然として存在しており、現行制度の中には、闘争なしに平和調整を行うためのなんらの規定も存せず、かような調整をはかり、これをなし遂げることは、いまなおそれらの国民自身の努力にまつほかないのである」

「これは国際制度中に存する一つの根本的ギャップ（間隙）である。このギャップを埋める手段として工夫されたものは、ただ戦争があるだけである。すなわち国際的不法行為にたいする自助の合法的手段としての戦争——企てられた変更の客観的な良し悪しとは関係なしに、現存の諸権利を変更する目的をもってなされる国家主権の行為としての戦争——があるだけである」

こうしたパール判事の見解は、現在の世界の状況を見ても、正鵠を射ている。

パール判事は、不可侵条約を破って、八月九日に日本に進攻したソ連を批判した。すでに原爆を落とされ、降伏寸前だった日本に宣戦布告をしたソ連に、どうして自衛権が成り立つのか。ソ連への批判をパール判事は、英米へと向けた。

「ソビエト連邦のかような行動は他の連合諸国との間であらかじめ協定されていたものであり、そしてこれらの諸国は、すべてパリ条約の加盟国であったのである。本官はこれらの列強がことごとく犯罪行為に参加したと考えられるような解釈を、同条約に与えてはいけないと考える」

つまり、不戦条約加盟国であるイギリスやアメリカが、ヤルタ会談でソ連に戦争をやらせようとした。これは犯罪行為である。そこに目を瞑り、不戦条約を日本だけに当てはめようとした東京裁判は、不当であると訴えたのである。

パール判事は、アジア諸国を欧米の植民地支配から独立させることを支援した日本を念頭に、次のように述べている。

「侵略をされた被侵略民族をかような侵略から解放するために援助をする行為は、正当化しうるものとして容認しなければならない。ジャクソン氏は、侵略を受けた国家を援助する行為は、正当化しうるものとして、これを支持している。本官としては、人道を基礎として組織された国際社会において、支配という侵略行為を受けている民族を援助する同様な行為を、同様に正当化しえないという理由は見出せない」

フィリピン、インドネシア、ビルマ、インドは侵略をされた被侵略民族であった。日本の戦争は、侵略されたアジアの国々を援助して、独立へと導いた。ポーランドがドイツに攻め込まれた時に、イギリスやフランスがドイツに宣戦布告をしたのと同じことだ、とパール判事は主張しているのだ。

「おそらく現在のような国際社会においては、『侵略者』という言葉は本質的に『カメレオン的』なものであり、たんに『敗北した側の指導者たち』を意味するだけのものかもしれない」

パール判事はこう述べ、東京裁判の本質を鋭く指摘した。

パール判事は、ものごとの本質を鋭く見抜く抜群の知性を有していた。共産主義についても、次の如く一刀両断した。

「一口に言えば、共産主義とは『国家の衰亡』を意味し、またそれを企てているものである」「共産主義的理想における『民主主義』とは、今日行われている『民主政治』の衰退を意味し、また暗示している。共産主義的『自由』の実現の可能性は、現在の民主主義国家組織が消滅してはじめてあらわれるのである」

日本が北の脅威として感じていたのは、まさにこのことであった。しかし、アメリカは、東京裁判で日本の指導者を「戦争犯罪人」として死刑に処したマッカーサーが、自ら朝鮮戦争を戦うまで、その脅威を実感することがなかったのである。

パール判事は、プロパガンダについても問題提起をした。

「一国家の放送の効力は、それだけでも交戦国にたいして、どんな軍団の壊滅にも優る被害を加えうるものである」「もし交戦国が、ある中立維持の義務を負う国家の放送ないし新聞による発言を、自己にたいしてはなはだ不利益なものと感じた場合には、その交戦国は、かような発言の中止を要求するか、もしくはその国と戦う権利があるものと見ることができよう」

これは、予言のようでもある。東京裁判の「日本は侵略戦争をした犯罪国家」だというプロパガンダは、国内的にも国際的にも恐ろしい影響力を及ぼした。原爆や大空襲から日本は復興を遂げ立ち直ったが、WGIP（ウォー・ギルト・インフォメーション・プログラム）によって刷り込まれた自虐意識や、国際世論の既成概念《ステレオタイプス》を今日に至っても払拭できずにいる。東京裁判によって被せられた濡れ衣を糺し、世界に対して「日本の立場」、東京裁判史観の虚構であることを発信してゆくべきである。

パール判事は、歴史に照らしてこう述べる。

「時が、熱狂と、偏見をやわらげた暁には、また理性が、虚偽からその仮面を剥ぎとった暁には、そのときこそ、正義の女神はその秤を平衡に保ちながら過去の賞罰の多くに、その所を変えることを要求するであろう」

パール判事は、有名な右の一文で「判決書」を締め括っている。

第十一章　大東亜戦争の真実

大虐殺をしてきたのは白人キリスト教徒の『列強』だった

本書で私は、日本の側に立って、極東の島国の日本が、なぜ大東亜戦争に至ることになったのかを、少し歴史を遡って、検証してみた。そこで判ったのは、日本にはロシアを含む白人列強による侵略の脅威が常にあったということだ。その脅威があったからこそ、明治維新を経た日本は、『富国強兵』政策を取った。それは、自国の安全保障こそが最大の理由で、決して白人列強がしたように、外国を侵略し、植民地支配しようとしたのではなかった。

私は外交評論家の加瀬英明氏との共著『なぜアメリカは対日戦争を仕掛けたのか』（祥伝社新書）で、ペリーの黒船来航を、真珠湾攻撃の遠因と位置づけた。西洋諸国が世界の隅から隅までを侵略し尽くして、残されたわずかな数の非白人の独立国のひとつが日本であった。日本が世界を侵略したというのは、石が流れて木の葉が沈むような逆事《さかさまごと》だ。

過去五〇〇年の白人キリスト教徒による世界侵略の中で、なんとか独立を守ってきたというのが、日本の真実の姿だ。

日本がアメリカ、イギリスなどと大東亜戦争の開戦に至るには、その背景があった。日本は、この五〇〇年間、ずっと日本の独立と権益を守ろうと努力してきたのだ。他国をいたずらに侵略、占領、支配、搾取する意図はなかった。また、実際にそのようなことは、過去してこなかった。しかし、およそ五〇〇年前から、日本には外からの脅威が、次第に迫ってきた。

それは端的に言えば、白人列強の脅威である。白人キリスト教の列強諸国の脅威。そして白人帝国ロシアの南下の脅威である。さらには、コミンテルン（国際共産主義）の脅威もあった。

秀吉による「伴天連追放令」も、そうした脅威に対する防衛政策であった。

徳川幕府の鎖国や日本史に異形の天草の乱も、外の脅威を水際で防衛するためだった。

そして幕末が近づくにつれて、そうした脅威はさらに高まった。支那の大国・清が『アヘン戦争』でイギリスに敗れ、新興勢力のアメリカは、『黒船艦隊』を浦賀に派遣し、開国を迫った。そうした脅威の中で、『尊王攘夷』運動が展開し、若い志士たちが維新へと時代を動かした。

明治維新は、天皇を中心に国をひとつにまとめ、白人列強に対抗できる国家を建設することが第一命題だった。西洋の科学技術を取り入れて、『文明開化』を推進し、『富国強兵』

の国家政策を断行した。

白人支配の世界で、日本は、その白人列強と肩を並べられる日を夢見た。不平等条約の解消が、悲願だった。

しかし、不凍港を求めるロシアの南下という「北の脅威」に、日本は常に晒されていた。満洲、朝鮮半島が白人帝国ロシアに乗っ取られれば、朝鮮半島はまるで匕首のように日本の喉元にささることになる。

日本は、朝鮮に立派な独立主権国家となってもらいたかった。しかし、李朝の朝鮮は、支那の朝貢国家として、清国に毅然とした態度を取ることができない。日本は朝鮮の独立のために日清戦争を戦い勝利したものの、『三国干渉』によって、白人列強のロシア、フランス、ドイツに、日本が条約によって清国から割譲された遼東半島を、奪われてしまった。

またロシアは、朝鮮半島の北に位置する満洲へと南下し、日本はその脅威を感じた。イギリスと日英同盟を結び、同盟をしてロシアの脅威と対峙することになる。

ロシアは、三十九度線の以北を中立地帯とする提案をしたが、これでは脅威はさらに切迫する。日本は一九〇四（明治三十七）年、旅順港を攻撃し、日露戦争が開戦された。

日露戦争で、白人帝国ロシアを破り勝利した日本は、世界中の有色民族から崇敬のまなざしを寄せられる。彼らは白人列強の世界侵略、植民地支配による搾取から、日本が救ってくれることを期待した。

白人列強と肩を並べ、人種平等の世界を目指す日本は、第一次大戦で同盟国イギリスの求めでドイツに宣戦布告。第一次世界大戦の勝利によって、戦勝国に列することになった。平和な世界を構築しようと発足することになった国際連盟の憲章に、日本は「人種平等」の理念を盛り込むことを提案した。しかし、議長国アメリカのウィルソン大統領や、オーストラリアのヒューズ首相の反対で、採決での圧倒的多数の獲得があったにも関わらず、提案は却下されてしまう。

それから日本は、満洲事変、支那事変、そして大東亜戦争へと歩んでゆくことになる。それは、極東国際軍事裁判が、「平和に対する罪」を掲げ、その共同謀議が「戦争犯罪」であるとして糾弾してきた、まさにその部分である。

満洲事変も、支那事変も、大東亜戦争も、侵略戦争でなどまったくない。そのことは、これまでも本で述べてきた。満洲事変、支那事変については、拙著『英国人ジャーナリストが見た現代日本史の真実』(アイバス出版)に詳しいので、そちらをお読み頂きたい。また、大東亜戦争の開戦については、加瀬英明氏との共著『なぜアメリカは対日戦争を仕掛けたのか』で、加瀬氏が詳しく説明をしている。あわせてお読み頂ければ幸甚である。ここでは、ごく簡単に満洲事変、支那事変、大東亜戦争について、私の観点を紹介しておきたい。

満洲事変は、日本の侵略戦争ではない！

満洲事変については、国際連盟が派遣したリットン調査団の報告書が詳しい。所謂『リットン報告書』である。日本では、マスメディアが大キャンペーンを張って、この報告書に異議を唱えた。国民も憤慨し、各地で抗議集会が行われた。そして日本は、国際連盟を脱退することになる。日本国民とメディアが、それを望んでいたのだ。

『リットン報告書』には、大きな間違いがある。それは、支那と満洲を混同していることだ。まるで満洲を支那の一部であるかのように錯覚している。

満洲は支那ではない。この一点を間違うと、全てが間違ってしまう。日本が侵略国であるかのように、思われてしまうのだ。

満洲が支那でなかったことに、私は二つの理由で気づかされた。

第一に、支那とは歴史的に『万里の長城』の内側を言うのだということ。外敵から支那を守るために建設されたのが、あの城壁である。満洲は、朝鮮半島の北。地図を見ればよくわかる。いま中共政府はそこを「東北部」と呼んでいるが、支那の地域の外にある。満族が住んでいた土地でもある。

第二に、満洲事変の前、満洲はロシア領になっていた。ロシアが南下し、満洲を占領していた。しかし、日本が日露戦争に勝利したため、米国のポーツマスで開かれた日露戦争講和会議で、日本は満洲での権益をロシアから獲得したのだった。

その権益を日本は守ろうとした。それは、侵略ではなく防衛である。しかも満洲には朝鮮人も支那人も多く住んでいた。その朝鮮人と支那人が騒動を起こしたが、朝鮮を併合していた日本は、朝鮮人も「日本国民」としてその保護に努めた。また、『満鉄』の経営に伴い邦人も満洲に移り住んでいたが、その邦人が支那人に虐殺されるなどの事件が頻発した。

一九二七（昭和二）年に、田中義一内閣が発足したが、イギリス、アメリカ、ソ連（コミンテルン）、支那といった脅威に晒されていた。一九二八（昭和三）年、邦人暴行、凌辱、虐殺を発端に、日本軍守備隊は、北伐をする蒋介石国民革命軍と戦闘となった（済南事件）。日本は、一方的に支那の攻撃を受けたのである。日本軍守備隊は、それに応戦したまでだ。

一九三一（昭和六）年九月十八日午後十時二十分。満洲郊外の柳条湖付近の南満洲鉄道の線路上で爆発が起きた。関東軍参謀板垣征四郎大佐と関東軍作戦参謀石原莞爾中佐が首謀した謀略爆破事件だった。関東軍は、張学良の破壊工作であるとして軍事行動を取り、五カ月で満洲全土を制圧した。しかし、この満洲事変も、それまでに日本人が強姦される事件や「中村大尉殺害事件」など、日本に対する卑劣な事件が連続し、邦人の安全が脅かされていたことに対する措置だった。

前述したように、満洲は満族の土地である。そして、満族の王朝である清朝の広大な版図を、孫文の中華民国が継承した。しかし、漢族の中華民国政府は、これまでの歴史上、満洲を支配したことがなかった。結果的に統治することができずに、満洲は匪賊が跳梁《ちょうりょう》跋扈《ばっこ》し、軍閥が群雄割拠《ぐんゆうかっきょ》する戦乱の地となり、事実上の無政府状態（「無主の地」）となっていた。

日本政府は「戦闘不拡大方針」であり、関東軍もその方針を貫いていた。しかし、乱世の中で邦人の生命財産を保護することは、困難を極めた。また日本の世論は、政府の「戦闘不拡大方針」を弱腰外交と非難し、関東軍を逆に後押ししていた。世論は軍事行動に期待をしていたのだ。

そうした中で、支那の攻撃を受けていた満族の部族の四巨頭が、関東軍に期待を寄せて会いに来たのだ。そこで関東軍は、清朝最後の皇帝だった愛新覚羅・溥儀を皇帝に擁立して、満洲国を建国した。しかし、そこは日本が支配する傀儡政権ではなく、満族を中心に、蒙古民族、漢民族、朝鮮民族、日本民族の五民族が、共存共栄する『五族協和』の『合衆国』を建設しようとしたもので、侵略でも何でもなかった。もちろん傀儡政権でもなかったのである。

支那事変は、日本の侵略戦争ではない！

支那事変は、コミンテルンによる謀略事件が発端となっている。私は当時の日本側の呼称を重要視するので『日中戦争』という呼称は使わない。

昨年末に、新潮新書から『毛沢東　日本軍と共謀した男』という本が出版された。著者の遠藤誉氏は理学博士。筑波大学の名誉教授でもあるが、「中国研究の第一人者」として、テレビ出演も多い。中国吉林省長春（新京）生まれで、毛沢東思想教育に洗脳されて育った。その遠藤氏が、毛沢東が「皇軍に感謝する」と言ったことや抗日戦争に力を入れていなかったこと、また「南京大虐殺」には自伝『マオ』でも一言も触れていない等という内容が書かれた本を上梓したのが興味深かった。もっとも、そうしたことは、保守派の中では良く知られていた。

私が注目したのは、「西安事件《シーアン》」に関する内容だった。

「西安事件」は、一九三六（昭和十一）年十二月十二日に起きた。蔣介石が中国共産党の討伐を進めていた時に、部下の張学良の寝返りにあって、西安で投獄監禁された事件である。その際、中国共産党の周恩来と会見した蔣介石は、国共合作を約束させられた。

この事件の背後には、スターリンのコミンテルン（国際共産主義）が暗躍していた。中国共産党に対し、国民党軍と日本軍を戦わせ共倒れにさせた上で、共産党が中国を支配せよという指令が出ていた。

一九五六（昭和三十一）年九月四日、毛沢東は元陸軍中将の遠藤三郎に会い、「皇軍が中国に進攻してきたことに感謝する」と語ったことはよく知られている。ここで毛沢東は『進攻』と、進という字を使う表現を選んだ。「侵略」でも、「侵攻」でもなかったと、遠藤氏は付記している。実に興味深いが、その時の詳細は、ぜひ『毛沢東　日本軍と共謀した男』（新潮新書）を、お読み頂きたい。

話を「西安事件」に、もどそう。遠藤氏の「西安事件」の解説の中で、「なるほど！」と思った点がある。

「時系列的逆転」だ。遠藤氏の解説を引用しよう。

「西安事件が起きるのが一九三六年十二月で、日中が全面戦争に入るきっかけとなる盧溝橋事件が起きるのが一九三七年七月七日。

日中が全面戦争に入った後ならば、まだわかる。戦争が始まったのだから、国民党だの共産党だの言わずに、ともかく力を合わせて戦おうではないか、という論理ならば整合性がある。しかし西安事件と盧溝橋事件は、時系列的に逆転しているのだ。先に『ともに戦いましょう』という戦争勃発を前提とした西安事件を起こして、あとから『戦争が起きる事態』になる。これは、どう考えても時系列的整合性がない」

蒋介石は、当時共産党討伐に全力を投じていた。このため、蒋介石はなんとか日本と和平交渉ができないかと、広田弘毅外相と何度も話し合っていた、それが、一気に逆転し国民党軍と共産党軍が合体して日本軍と戦うことになった。

遠藤氏は、「ゾルゲと尾崎秀実《ほつみ》が背後で暗躍した」と論じている。

ゾルゲは、一九三〇年にドイツの大手新聞記者として上海租界に派遣され、そこで朝日新聞記者だった尾崎秀実と出会った。当時、ゾルゲは毛沢東も取材していた。一九三三年に、東京特派員となったゾルゲは、尾崎と再会し、スパイ活動で協力しあった。

もし「西安事件」がなければ、毛沢東・周恩来の共産党軍は、蒋介石国民党軍に、ほとんど完膚なきまでに追いつめられていた。蒋介石国民党軍に共産党軍が壊滅されていたら、現在の中華人民共和国は、存在していなかっただろう。

盧溝橋事件は、共産党が仕掛けた

一九三七（昭和十二）年七月七日、日本軍の支那駐屯軍第八中隊は、中国軍第二九軍に事前通告をして、盧溝橋城に近い河川敷で夜間演習をしていた。

午後十時四〇分、数発の弾丸が日本軍に撃ちこまれた。さらにその後、十数発の発砲が別（土手）方向からあった。銃撃は執拗で、翌早朝三時二五分に三回目、五時三〇分に四回目の銃撃があった。

ここで、日本軍は初めて反撃を開始した。最初の銃撃から、なんと七時間後のことである。この銃撃が、中国共産党による挑発であることは、現在一〇〇パーセントハッキリしている。最初に撃ってきたのは、共産党だった。

コミンテルンの策略は、「なんとかして国民党政府を日本と戦わせ、戦力を消耗させてから国民党を打倒し、共産党の国家を創ることを目指したものだ。これが事実上コミンテルンのトップに立っているソ連のスターリンの考えである」（遠藤誉『毛沢東　日本軍と共謀した男』新潮新書）

世界の情勢を勘案し、日本軍は中国との戦争を進めるつもりはまったくなかった。実際に同年七月十一日に停戦協定に至っている。内容は、次の通りだ。

壱、中国側が責任者を処分する。

弐、将来再び、このような事件が起こらないように防止する。
参、盧溝橋および龍王廟から兵力を撤退し、保安隊をもって治安維持にあたる。
四、抗日各種団体の取り締まりを行う。

政府のみならず軍部も戦闘を望んでいなかった。このため日本側の不拡大方針で、特に障害もなく停戦協定が結ばれた。

ところが、状況は日本側が望むような方向には展開しなかった。治安状態は不安定で、日本人が経営する商店、工場などが襲われた。また、日本人居留民に対しても、暴行、虐殺、テロが頻発した。「大紅門事件」「廊坊事件」「広安門事件」など日本兵の殺害も、相次いで起こっていた。

『南京大虐殺』は通州での邦人大虐殺のカモフラージュ

私は、ジャーナリストの櫻井よしこ氏、作家の百田尚樹氏、弁護士のケント・ギルバート氏、作曲家のすぎやまこういち氏などと共に『新しい歴史教科書』の応援団の一員となっている。外交評論家の加瀬英明氏は、『新しい歴史教科書』を出版する自由社の社長を務めた。同社から出された『新しい歴史教科書』は、歴史の事実ではない、いわゆる『南京大虐殺』には一切触れず、代わりに歴史上に実際に起きた悲惨な日本人居留民の大虐殺、『通州事件』について、記述している。

拓殖大学客員教授の藤岡信勝氏は、この画期的な出来事を、「昭和期の教科書の伝統に戻っただけだ」と述べている。

日本の教科書の記述に関する闘争は、『家永教科書裁判』がよく知られている。家永三郎は、戦前はそれこそ「皇国史観」に立った保守派の教科書を書いていた。ところが戦後は、一転「連合国戦勝史観」を踏襲するかのような教科書を執筆した。それが「偏向教科書」だとして、著者の家永三郎を訴えた裁判となった。

しかし、その「偏向教科書」でさえ、史実ではない「南京大虐殺」はもちろんのこと、「南京事件」としても記述していなかった。日本の教科書に「南京事件」が登場するようになったのは、一九七四（昭和四十九）年の「中学校教科書検定の際だった」という。明星大学戦後教育史研究センターの勝岡寛次氏は「朝日新聞が連載した『中国の旅』の影響なしには考えられない」と述べている。ちなみに、中国が教科書で「南京大虐殺」を取り上げたのは、日本の教科書に記述されるようになった後のことだ。自由社の教科書は、通州事件について次のように記述している。

北京東方の通州には親日政権がつくられていたが、七月二十九日、日本の駐屯軍不在の間に、その政権の中国人部隊は、日本人居住区を襲い、日本人居留民三八五人のうち子供や女性を含む二二三人が惨殺された。（通州事件）

通州は、北京から東へ約十二キロほどのところにある都市で、蔣介石の南京政府を離脱し「冀東《きとう》防共自治政府」が置かれていた。河北省に属する親日政権だった。

ところがその親日政府の保安隊の幹部二名が、第二九軍と密通していた。通州特務機関長だった細木繁中佐は、その二名から「頻発する日本兵殺害やテロから日本居留民を保護し、第二九軍の攻撃から通州を守るには、配下の保安隊を集結すべきである」と進言された。細木中佐はそれを信頼し、中国兵の保安隊三千の集結を許可した。

保安隊は集結が終わると、深夜、通州城の城門を閉め、通信手段を遮断した。そして日本軍留守守備隊約百十名と日本人居留民三百八十五名を襲撃した。

日本の新聞も当時、一斉にその非道を報じ、日本国民の義憤遣る瀬無いものがあった。茂木弘道氏の『戦争を仕掛けた中国になぜ謝らなければならないのだ！』（自由社ブックレット）に、「宛ら地獄絵巻！　鬼畜の残虐言語に絶す」「保安隊変じて鬼畜　罪なき同胞を虐殺」などと報じた当時の日本の新聞記事が紹介されている。

日本国民の感情は、憤激に絶えないものだった。それでも日本政府は平和的解決を望み、関東軍も戦闘不拡大方針を貫いて耐え忍んでいた。

通州事件に関し、日本政府が策定した和平案も驚くべきものだった。

「満洲事変以降の日本の中国権益を全て白紙に戻す」

これは中国に対する、最大限の譲歩案だった。

八月九日、日本と中国の交渉が、上海で行われた。ところがその交渉の最中に、上海で大山中尉惨殺事件が発生した。

午後の五時ごろ上海虹橋空港共同租界路を自動車で走行していた海軍特別陸戦隊の大山勇夫中尉と斎藤嶼蔵一等水兵は、多数の中国保安隊に包囲された。機銃、小銃で頭部、腹部に蜂の巣のように銃弾を浴びせられたうえ、大山中尉は刃物や鈍器で凌辱され、靴、札入れ、時計も奪われた。斎藤一等水兵は、運転席に大量の血痕を残し、拉致された。

これも中国共産党の挑発だったが、常軌を逸した猟奇事件だった。

八月十二日、今度は蒋介石国民党政府の正規軍が、アメリカ、イギリス、フランス、イタリアなどの居留民もいた国際共同租界の日本人居留区を包囲した。当時は、各国が居留民保護のために軍隊を駐屯させていた。日本人居留区には二万数千の日本人居留民がいた。

八月十三日、中国精鋭部隊三万は、居留民保護のために駐屯していた海軍特別陸戦隊四千二百に対し一斉攻撃を開始した。そもそも海軍陸戦隊は、陸軍正規部隊と異なり重装備をした軍隊ではない。アメリカの海兵隊とは、まったく異なる。その海軍陸戦隊に対し、中国陸軍の正規部隊が機関銃攻撃、砲撃を行ったのだ。

十四日、中国軍はアメリカ製爆撃機数機でホテルを空爆し、宿泊していた数十人の欧米人を死傷させた。さらに、数百メートル離れた繁華街にあった「大世界」という娯楽施設も爆撃、千人を超す中国人が死亡した。この中国軍の攻撃は、「日本軍の爆撃」と報道された。

十五日、蔣介石は全国総動員令を発令。総司令官に就任し、兵員を七万に増強。日本に対し全面戦争を仕掛けてきた。

同日、第一次近衛内閣は、居留民保護のために戦闘不拡大方針を撤回。上海派遣軍の編成が下命され、松井石根陸軍大将が司令官に任命された。

さらに二十一日には中ソ不可侵条約を締結、ソ連から航空九二四機、自動車一五一六台、大砲一一四〇門、機関銃九七二〇丁の譲渡および操縦士、教官の派遣を受けた。

日本の上海派遣軍の陸軍一個師団が呉淞《ウーソン》に到着したのは、二十三日だった。

蔣介石は、ドイツのファルケンハウゼンら五百数十名の軍事顧問団の指導のもとに、作戦を実行していた。上海の西に築いた堅固な二万余のトーチカと塹壕陣地（ゼークトライン）は、日本軍を阻んだ。さらに訓練された精鋭部隊は強く、しかも日本軍の上海派遣を予測して、数十万の軍隊を配置していた。

九月九日、三個師団十一個旅団の増派によってなんとか進撃を開始した。

中国のこうした攻撃について、八月三十日付『ニューヨーク・タイムズ』紙は、「日本軍は敵の挑発のもとで最大限に抑制した態度を示し、数日の間だけでも全ての日本軍上陸部隊を兵営の中から一歩も出さなかった」と報じた。また九月十六日付になるが、『ヘラルド・トリビューン』紙は、「中国軍が上海地域で戦闘を無理強いしてきたのは、疑う余地はない」と報道している。

十月二十六日、大場鎮を攻略して、日本軍は上海を制圧した。日本軍損失は、戦死一万七六。戦傷三万一千八六六だった。一方の蒋介石軍損失は、約四十万。（こうした戦況は、「史実を世界に発信する会」の英文資料等にもとづく。）

大東亜戦争は日本にとっては自衛戦争だった

欧米のまともな歴史研究家の間では、「日本は窮鼠だった《ジャパン・ワズ・ア・コーナード・ラット》」とよく言われる。

追いつめられたネズミが、猫を噛むようなものだった、という意味だ。

もう三十年近く前になるであろうか、『デイ・オブ・ディスィート』（邦題『真珠湾の真実 ルーズベルト欺瞞の日々』文藝春秋）という本を読んだ。この本は、ルーズベルトが、日本軍の真珠湾攻撃を事前に知っていたということを、検証した内容だった。「欺瞞の日々」というのは、ルーズベルトがハワイに停泊する太平洋艦隊の司令官に、日本軍が真珠湾を攻撃することを知っていたにもかかわらず知らせずにいた、つまり、アメリカ軍を欺いて、いわば生贄の羊《スケープ・ゴート》とした点を意味している。

第二次世界大戦は、欧州戦線から始まった。一九三九（昭和十四）年のことである。ドイツと戦うイギリスのウィンストン・チャーチル首相は、どうしてもアメリカに参戦をして欲しかった。しかし、当時のアメリカの世論は、戦争には反対だった。またルーズベルト大統領も、選挙で戦争をしないことを公約していた。アメリカの世論を変え、参戦支持とならない限り、ルーズベルト大統領は参戦に踏み切ることはできなかったのだ。

そこで考え出されたのが、日本に「最初の一発を撃たせること」だった。日本から攻撃を受ければ、アメリカ世論も戦争支持へと向かう。前掲の『日米戦争を起こしたのは誰か』には、フーバー大統領の回顧録のいくつかの文章が、翻訳されているが、次の一文は、重大なものだ。

「私（フーバー大統領）は更に続けて次のように言った。『一九四一年七月の（日本への）経済制裁は、単に挑発的であったばかりではない。それは、例え自殺行為であると分かっていても、日本に戦争を余儀なくさせるものであった。なぜなら、この経済制裁は、殺人と破壊を除く、あらゆる戦争の悲惨さを（日本に）強制するものであり、誇りのある国ならとても忍耐出来るものではないからだ』。この私の発言にマッカーサーは同意した」

アメリカの第三十一代大統領のハーバート・フーバーと、連合国軍最高司令官のマッカーサーが、そう言っているのである。

こうしたアメリカのキーパーソンの発言があるにも関わらず、日本が自ら「あの戦争は、侵略戦争だった！」と主張するのは、まったくおかしな話である。

『デイ・オブ・ディスィート』には、日本を追いつめ、戦争を起こさせる決め手として『ハル・ノート』のことも言及されていた。しかし、この本が糾弾しているのは、日本軍が攻撃してくることを事前に察知していた（実は、仕向けた）のにも関わらず、そのことをハワイに停泊するアメリカの太平洋艦隊の司令官に知らせずに欺いて、結果的に日本軍の真珠湾攻撃によって二千八百名のアメリカ海軍将兵を殺したことである。

いずれにしても、日本を大東亜戦争の開戦へと仕向けたのはアメリカであることは、いまや多くの証拠から明白になっている。

問題は、日本がその事実を受け入れないことなのだ。これこそがＷＧＩＰ（ウォー・ギルト・インフォメーション・プログラム）による洗脳《プログラミング》がいまだに解けていない証だ。

大東亜戦争も、日本の侵略戦争ではなかった。

日本は追いつめられ、「座して死を待つよりは」と、「対米英戦の釁端《きんたん》を開くに至る」こととなったのである。

最終章　三島由紀夫はなぜ「市ヶ谷」で自決したのか⁉

日本軍の進攻を歓喜して迎えたアジアの植民地の人々

『レイス・ウォー』（邦題『人種戦争』祥伝社）を読むと、日本軍の戦争を、非白人の諸民族が、いかに歓喜して支援していたかが、まざまざとわかる。

日露戦争で、白人の帝国ロシアに、有色民族国家の日本が勝利したことは、世界中の非白人たちに、希望をもたらした。インドのチャンドラ・ボースが演説で熱く語った通りである。しかし、それはまだ、話に伝え聞いたことでしかなかった。

ところが、大東亜戦争で欧米が植民地支配するアジアに日本軍が進攻したことで、アジアの人々は、その姿を現実に目にしたのだった。

それまで白人は、絶対的な存在で、刃向かっても返り討ちにあって、多くの有色人種が大虐殺をされてきた。白人は強く、優れていて、有色人種は勝てないと、そう思い込んでいた。

ところが、日本軍は、それまでアジア諸国を軍事占領していた欧米の軍隊を、それこそあっという間に、すべて駆逐してしまった。

それまで強いと思い込んでいた白人の軍隊が、有色人種の日本軍にたちまち敗北してしまった。

それを目の当たりにした衝撃は、数百年にわたって植民地支配され、虐殺や搾取を受けてきたアジアの諸民族にとって、感涙にむせぶほどの感動だった。白人を、有色人種が、撃退したのだ。

一方の白人にとっては、それは目を疑う光景だった。それまで『類人猿《エイプ》』『猿《モンキー》』と呼び、実際に猿と同類に見做していた有色人種である日本人が、我々白人を軍事制圧し、そして命令を下し始めたのだから、その衝撃は受け入れ難いものだった。

アジア諸国の有色民族は、それまで威張っていた白人が、有色人種の日本人に指図を受け、不服そうにするとビンタを食わせられるのを見て、まさに、狂喜した。それまで白人に植民地支配をされ、搾取されてきた彼らは、老若男女を問わずほとんどが日本軍に味方をした。

戦闘でも、土地勘は原住民のほうが優れている。原住民は、敵の白人にではなく、日本軍に情報をどんどんもたらした。食糧、薪炭、輸送など、日本軍に積極的に協力を惜しまなかった。考えてみれば、当然のことだ。

日本軍は、高貴な軍隊だった

日本軍は、とにかく原住民を大切にした。戦術という側面もあったのかもしれないが、多くの将兵は、心から植民地支配をされた現地の民族に共感し、同志として植民地支配からの解放、民族自決の戦いを、原住民になり変わって白人列強の軍隊と戦った。そのことは、アジアの諸民族がよくわかっていて、日本軍に心から信頼と期待を寄せていた。

日本軍は、イギリスと戦った。しかし、その戦いぶりは、武士道精神に則って、実に立派なものだった。戦時国際法違反となる虐殺や強姦もほとんどなかった。もちろん、まったくゼロだったと言っているのではない。ただ、あらゆる戦場で各国の軍隊が犯している残虐行為、強姦、殺人と比べると、日本軍は、まったくと言っていい程に、そうした行為がなかった高貴な軍隊であった。

恐らく、それは、『皇軍《エンペラーズ・アーミー》』の誇りと矜持があったからだろう。また、天皇の名誉を傷つけるような行為があってはならないと、軍紀粛正が徹底していたからだろう。実に立派で、すばらしい軍隊であり軍人たちだった。

語られないアメリカ軍の残虐行為

一方のアメリカは、立派だとはお世辞にも言えない。マッカーサーについてどう思うかと、ＡＰの記者に尋ねられ、東條英機は「マッカーサーは、フィリピンで部下を置き去りにして豪州に逃げた。指揮官としてあるまじき行為だ」と、まったく評価していなかった。そのマッカーサーに処刑されたのだから、不条理を感じたことだろう。

『レイス・ウォー』には、アメリカの白人兵士が、まるでオカルト儀式を思わせる残虐さで、日本兵の遺体を凌辱するのを見た黒人兵が、白人兵の行為を指して、「自分たちは、あんなことはできないと思った」と述懐する記述もあった。

同書の翻訳書を監修した加瀬英明氏は、「まえがき」でチャールズ・リンドバーグの日記に言及しているというが、『孤高の鷲——リンドバーグ第二次大戦参戦記』（学研Ｍ文庫）には、アメリカ軍の残虐行為のことが言及されている。東京裁判で、日本軍の実際にはなかった残虐行為まで捏造して糾弾したアメリカだったが、自分たちの残虐行為は、正当化している。

いま生きている日本人の「戦争体験者」の多くは、当事者ではなく「犠牲者」がほとんどだ。二十年、三十年前までは、「戦争体験者」とは、「戦闘体験者」のことだった。戦争の当時者だったから、相手側にも当然に犠牲を出している。いまの「戦争体験者」は、戦地の体験というよりは、本土での戦争犠牲者が増えている。多くは子どもたちだった。しかし、機銃掃射を受けたという体験者が、少なからずいる。これはどういうことか。アメリカ軍は、逃げ回る子どもたちに、機銃掃射を浴びせていたということだ。これは、民間人の虐殺で、戦時国際法違反である。日本軍は、武士道精神で、敵の軍艦を撃沈しても海に投げ出された将兵を救出していた。一方で、アメリカの戦闘機は、日本の民間船舶を攻撃し、沈没させた上、海に投げ出された人々にまで機銃掃射をするなど残虐極まりなかった。

東京大空襲なども、戦時国際法違反の民間人虐殺で、当然に『戦争犯罪』である。しかも、これは北米の「インディアン」や南米の「インディオ」を虐殺したのと同じ大虐殺だ。

非道なのは、そのやり方だ。まず一帯を四角く焼夷弾で攻撃し、火の壁を作って取り囲んだ。そうして逃げ場がないようにした上で、焼夷弾を雨あられと落として東京の下町を火の海にした。数時間で十万人を大虐殺したのは、世界史の記録である。相手を人間と思ったら、そのようなことはできない。都市の殲滅である。しかも健康な若者は戦地に行ってしまって、本土にいたのは、ほとんどが年寄りと女子供だった。アメリカは「軍需工場があった。女性や子どももそこで働く『戦闘員』だった」と強弁するが、そもそも日本人を、アメリカ兵は『人間』と思っていなかった。虫を駆除するような感覚で、子どもたちに機銃掃射を浴びせ、東京の下町を火の海にしたのだろう。

東京大空襲と『赤い吹雪』

三年ほど前に、私は『赤い吹雪』という東京大空襲の体験談を、英語にして各国の東京特派員たちに配った。翻訳者の藤田氏が、日本語から英語に訳し、それを私が手直しした。『赤い吹雪』は、墨田区で家具屋『滝の家具』を営む家に生まれた滝保清さんが、実際に体験した手記だった。

私は、その生々しい体験を読んで衝撃を受けた。燃え上がる火は、竜巻となって旋風を起こす。火の粉が舞ってまるで赤い吹雪のようだったという。B—29が編隊で焼夷弾を落とすその下で、子どもたちが体験した火焔地獄は、想像以上にすさまじいものだった。

滝保清さんの『赤い吹雪』は、朗読劇としても上演された。また三月十日の東京大空襲のあった日に、滝さんらの活動で東京スカイツリーがその日は白一色にライトアップされた。東京大空襲の犠牲者の追悼の思いを込めてのことだった。滝さんは、東京大空襲の『平和記念碑』の建立を願って、活動もしている。日本語版の『赤い吹雪』には、そうした活動も紹介されていた。

アメリカ人には理解できなかった日本の徹底抗戦

広島、長崎への原爆投下も、『戦争犯罪』である。

東京裁判でブレイクニー弁護人が、一方的な裁判の例として、原爆投下について言及したことは、前述した。

私はマイク・マンスフィールド駐日アメリカ大使と親しかった。大使とは、会食をしている時に、私にＣＩＡを警護につけると申し出られたこともあった。私はお断りしたが、ある時、私は何者かが私を密かに警護していることを感じたこともあった。

日本を愛し、親日派のマンスフィールド大使ではあったが、こと原爆投下に関しては、原爆投下は、戦争を早期に終結させ、より多くの犠牲者を出すことを防いだという立場だった。大使としての見解は、もちろんアメリカ政府の意向を反映したものである。

原爆投下に至った理由は、日本軍がなかなか降伏をしなかったからだ、とする学者もいる。日本在住が三十年近くになる親日派、ハリー・レイ博士だ。私と植田剛彦氏の対談本『目覚めよ！日本』を出版した日新報道には『日本人の原爆投下論はこのままでよいのか――

原爆投下をめぐる日米の初めての対話』という本がある。そこで、教育学者で元「新しい歴史教科書をつくる会」の会長だった杉原誠四郎氏とハリー・レイ博士が、日米の立場をそれぞれに論じている。

ハリー・レイ博士の論述の要旨に関する私の印象は、極めて良心的なアメリカ人の見解である。「無条件降伏」に対して、「一億玉砕」などと国民の命をないがしろにして、非人道的な抗戦を続ける政治指導者と軍部は、自らの国民を大虐殺して「自爆攻撃」を継続する悪魔のような存在として、アメリカの市民や兵士には受け止められた。

一方、日本の政治や軍のリーダーたちが降伏を受け入れられなかったのは、「無条件降伏」が天皇への戦争責任の追及、および国体護持を不可能にさせる恐れがあったからだ。

日本がポツダム宣言を受諾したのは、ポツダム宣言が「無条件降伏」でなかったからだった。ポツダム宣言の条件は、「軍隊の無条件降伏」だった。しかも原爆が投下される前の段階で降伏は決定し、通告されていたのだ。

日本の軍部には、徹底抗戦で勝利する戦略を確信していた者たちもいた。ベトナム戦争でのアメリカの敗退のような形勢にもってゆこうとしていた。百万人の犠牲者が出ても、上陸を阻止するゲリラ戦を考えていた。

どうして自国民を犠牲にして、そこまで徹底抗戦をするのか。アメリカ人には、ファシストの独裁者「天皇」が国民を犠牲にしていると映った。北朝鮮の若き「将軍様」を、いまの日本人が見るような見方で、日本と天皇と「軍国主義政権」を見ていた。アメリカ人にとっては、日本の「軍国主義政権」を打倒し、『レジーム・チェンジ』をすることが、ほぼ一〇〇パーセント「正義」であると、そう認識されていた。

しかし、日本人にとっては違った。少なくとも天皇を輔弼する臣たちにとっては、日本の「国体護持」が、絶対命題だった。いまの日本人では、そうは思えないであろうが、当時の例えば特攻隊などは、勇猛果敢に「悠久の大義」を「護国の鬼」となって護るために、自爆攻撃を志していった。決して強制されたからとか、「ノーと言える空気ではなかった」からとか「心ならずも」「自殺攻撃」に追い込まれたというのではない。そう思った生き残りの特攻隊員もいるだろうが、当時の特攻隊の精神状態は、いまの平和の中にある我々とは違ったものが厳然としてあったのだ。あえて言えば、むしろ喜んで、「靖国の桜の下でまた会おう」と晴々として散華していった。私は、その特攻隊の気持ちがわかる。

『キャリー・オン』

いま、日本では『戦争の犠牲者』という表現を使う。ところが、私は『戦死した英雄たちに、続け！』という教育を受けた。「犠牲者に続け」などと言うバカはいない。戦争で国のために尊い命を捧げた若者は、決して犠牲者ではない。彼らは戦死した英雄なのだ。どこの国でもそういう教育がされている。イギリスが当時戦前、戦中だったから、というのではない。いまもそう教育している。

私は子どもの頃、ボーディング・スクールという全寮制の学校に通った。校内に、戦争で戦死した先輩たちの『忠魂碑』があった。私たち生徒は、その前を通る時は、必ず脱帽し、最敬礼のお辞儀をすることとされていた。このため、私たちは一日に何度も、その碑の前でお辞儀をした。

そこには、『キャリー・オン』と書かれていた。「国の為に尊い命を捧げた先輩の勇者の魂を心に、その精神に続け！」と、そういう意味である。特攻隊の『後に続くを信ず！』とのメッセージと同じだ。

アメリカ兵たちは、日本人を『猿』などと軽蔑し、罵ったが、特攻隊には畏敬の念を持った。同じ戦場の戦士として、自らの命を顧みず、自爆攻撃をしてくる『カミカゼ』に、恐怖を感じると同時に、尊敬の念を禁じえなかった。

東京裁判と原爆投下の正義

ごく最近のことだが、私は東京裁判を成り立たせる論理と、原爆投下を正当化する論理の奥底には同じものがあるのではないかと、そう感じるようになった。

いままで、そんなことは思ったことがなかった。しかし、変な言い方だが、三島が、そのことを教えてくれた。

東京裁判も『事後法』の、国際法に則らない『違法裁判』だ。東京裁判が、正当だったとは、どう考えても言うことができない。法理や論理に照らして、「正当性がある」などとは、とても言えたものではない。茶番、復讐、私刑と呼ばれるが、実際にそのようなものだった。

原爆投下はどうか。こちらも、都市をまるごと殲滅するのである。戦時国際法で、戦争は「戦闘員どうしで戦う」ことが定められている。しかし、都市をまるごと殲滅しては、民間人を大量虐殺することは、一〇〇パーセント確実である。東京大空襲では、それでも逃げ延びた人もいたが、広島や長崎の『ゼロ地点』から一定の広範囲の地帯で、逃げ延びられた人はいない。前述したように、若い男子は、皆が戦場に行ってしまって、本土に残されたのは多くが、老人、女性、子ども、病弱者たちだった。そうした非戦闘員を、大虐殺した。目的は、勿論、見せしめだった。既に日本の降伏は決定していた。それにも関わらず、なぜ原爆を投下したのか。広島にはウラン爆弾、長崎にはプルトニウム爆弾を投下した。これは、生体実験と言わざるを得ない。その他にも、日本割譲を目論むソ連へのけん制、非キリスト教徒だったからなど、重複した理由があるだろう。しかし、いずれにしても、原爆投下は戦時国際法違反の『戦争犯罪』である。それを正当化し、国際法を堂々と違反して、「正義」だと言うアメリカの信念の根拠は、いったい何か。

それは、「異教徒は、殺せ」とモーゼに命じた神の『明白なる使命』が根底にあったからではなかろうか。

なぜ「国際法違反」の東京裁判を実行できたのか？

多くの人たちが、「東京裁判は問題だった」と、そう指摘してきた。それは、日本側の関係者や学者、言論人のみではない。アメリカ側はもとより、世界中で学者などがそうした見解を示している。

ただ、前述したように、日本以外の識者などの東京裁判への批判は、裁判それ自体のでたらめを指摘しているのであって、日本が「残虐行為」をしたとか、いわゆる「南京大虐殺」

があったとか、日本が「侵略戦争をした」ということを否定しているわけではない。この点、東京裁判の不当性を訴えると同時に、史実それ自体を、しっかりと世界に訴えてゆく必要が継続的にある。東京裁判が否定されても、連合国の戦勝史観は生き続けるのだ。

そして、ここが私の最も重大と考えることだが、「国際法違反」も平然と実行し、それを正義と言える根拠はいったいぜんたいどこにあるのか、ということだ。

結局、つきつめて考えると、行きつくところは『マニフェスト・デスティニー』しかない。『神から与えられた明白なる使命』だ。つまり、異教徒は、殺していいという神のお告げだ。そうやって、『西部劇』を映画で演出してきた。悪者は、原住民の「インディアン」にされた。前述した『アメリカン・ホロコースト』は、「インディアン」を大虐殺したアメリカの『ホロコースト』があったということを力説している。そのアメリカン・ホロコーストは、日露戦争の前年には、ハワイに及んだ。日露戦争に勝利した東郷平八郎元帥は、当時、イギリスで建造された巡洋艦「浪速」でハワイに赴きアメリカと対峙していた。

『マニフェスト・デスティニー』を掲げるアメリカン・ホロコーストは、太平洋を渡って、ついに日本に迫った。日本も縄文時代から大自然の神々を崇め、天照大神の末裔である天皇が統治する『神州』だった。

「インディアン」のように、大虐殺をされてなるものかと、日本が徹底抗戦をしたのも無理もない。なにしろ、相手は、『マニフェスト・デスティニー』、明白なる使命である。つまり、東京大空襲も、広島・長崎への生体実験のような原爆投下も、東京裁判も、戦前よりも激しいＧＨＱによる言論の自由の封殺も、全て正当化される論理は超論理ともいうべき『神の啓示』であった。

三島が「市ヶ谷」で表現したかったこと

三島由紀夫が「市ヶ谷」であの行動に出た理由は、表面的には憲法改正、自衛隊を名誉ある軍隊とすることなどであった。しかし私は最近、霊界に逝った三島はもっと違った深い動機を持っていたように感じ始めた。

あの自決は、法律上許されることではない。違法行為だ。しかし三島が「体当たり」をしたのは、単に政治上の擬態である憲法だったのか。私は、違うように感じている。

三島が命を賭けて「体当たり」をした相手は、違法も正当化するアメリカの『マニフェスト・デスティニー』だったのではないか——ふとそう思ったのだ。

日本国憲法という表面の姿の背景には、宗教的な魂としての『マニフェスト・デスティニー』がある。三島は、そこに斬り込みをかけたのではなかろうか。

私の感じる三島由紀夫が人々に理解されるには、あと二、三百年は、時を待たないとならないかもしれない。私は、三島由紀夫が檄文や『文化防衛論』で訴えていたことは、大筋で正しいと思っている。しかし西洋世界では、その観点は、まったく見落とされている。しかし、いずれ日の目を見るだろうが、その頃には、私たちは生きていないだろう。

自衛隊の市ヶ谷駐屯地で、三島がバルコニーに立って自衛官たちに決起を促した時、彼は「檄《げき》」で自衛隊をアメリカの「傭兵《マースィナリー》」と呼んだ。「傭兵」とは金で雇われる兵士のことだ。兵としてプライドがある人間だったら、そんな侮蔑を許せない。

「檄」の訴えと三島の自衛隊での叫びを、拙著『三島由紀夫　生と死』（清流出版）から引用する。訳者は、毎日新聞の記者だった徳岡孝夫氏だ。

《バルコニーで》

正午少し前、森田（必勝）と小川（正洋）の姿がバルコニーの上に現れた。総監室から出て、バルコニーの前のほうへと歩いて行く。紙の束と巻いた布を持っている。

広いバルコニーである。総監室の窓から一〇メートルはある。二人は楯の会の制服の肩に鉢巻の結び目を垂らした姿で、その先端まで歩いて行った。

彼らはしゃがんで垂幕の一端を固定し、自衛隊員たちに見えるようそれをバルコニーから垂らした。そこには益田総監の安全を保障する四条件が墨書されていた。条件の一つは三島の演説への静聴を求めたものだったが、営庭はすでに騒々しかった。自衛隊員は口々に叫び、パトカーや救急車、社旗を立てた新聞社の車などが続々と到着し、それだけでもやかましいのに、ヘリコプターの騒音がさらに輪をかけた。

楯の会の二人は、バルコニーの上から檄を撒いた。紙は微風に乗ってグラウンドの上に散っていった。檄の文章は、一九三〇年代の日本に何度も起こったクーデターで青年将校が書いたものに、その体裁が似通っていた。要約すれば、次のような内容である。

われわれ楯の会は、自衛隊を父とも兄とも思ってきたのに、なぜこのような忘恩的行動をあえてしたか。それは、われわれが自衛隊を愛するがゆえだ。自衛隊には真の日本の魂が残されている。

われわれは、自衛隊が戦後日本の指導者によって利用されるのを見てきた。自衛隊は、自らの存在を否定する平和憲法を守るという屈辱の軍隊になり下がった。

このねじ曲がった状態を打破すべき機会は、永遠に失われた。一九六九年十月二十一日、佐藤首相訪米反対デモに対し、自衛隊は治安出動し、それによって建軍の本義を明らかにし、憲法改正を要求すべきだった。

チャンスは永遠に去り、国家の誇りは失われ、自衛隊は違憲のまま認知されることになった。

日本の真の魂は、どこへ行ったのか。天皇を中心とする日本を守るという自衛隊の真の姿を、復興する者はいないのか。

われわれは、自衛隊が決然として起つのを熱烈に待った。いまのままでは、自衛隊は永遠にアメリカの傭兵として終わるであろう。

檄の最後の部分は、以下のようだった。

日本を日本の真姿に戻して、そこで死ぬのだ。生命尊重のみで、魂は死んでもよいのか。……今こそわれわれは生命尊重以上の価値の所在を諸君の目に見せてやる。それは自由でも民主主義でもない。日本だ。われわれの愛する歴史と伝統の国、日本だ。

自衛隊員たちは、舞い降りてきた檄を拾い、ある者はそれを読み、ある者はポケットに突っ込んだ。だが大部分の者が、理解に苦しんだ。彼らのほとんどは若く、戦争の経験がない。日本は二十五年にわたって平和を享受し、日本外交の基本であるアメリカとの友好に挑戦するのは左翼だけである。彼らの頭では、右翼から攻撃される理由が呑み込めなかった。

彼らの多くは楯の会のことは知っていたが、その目的には無知だった。三島のような有名な小説家がなぜそんなものに関係するかは、なおさら理解できなかった。そのうえ、現に彼らの上官が傷つき、目の前で救急車で運ばれて行く。なぜ三島は上官を攻撃し、傷つけたのか？

正午ちょうど、その三島の姿がバルコニーの上に現れた。黄と褐色の、楯の会の制服を着ている。下からは、日の丸に七生報国と記した鉢巻の頭だけしか見えなかった。三島は胸壁の上に飛び上がった。全身が、はじめてはっきり見えた。制服のボタンが初冬の陽光を受けて輝いた。白い手袋に血痕が散っている。彼は仁王立ちになった。胸を張り、両手を腰にあてがった。

「このような状況の下で自衛隊の諸君と話したくはなかったのだ」と、三島はバルコニーの上の演説を切り出した。

ヘリコプターの騒音が、耳を聾《ろう》さんばかりだった。自衛隊員の多くは、三島の言葉を聞きとれなかった。

「自衛隊は日本の最後の希望であり、日本の魂の最後の拠りどころであると思ってきた」

ヘリの群れは、さらに近寄った。

「しかるに、戦後の日本は経済的繁栄にうつつを抜かし、国の大本を忘れている。日本の精神はどこへ行った！　政治家は、日本のことなど考えていない。権力のみを追い求めている」

三島は続けた。

「自衛隊こそ真の日本の魂であろうと思った。しかし……しかし、われわれは裏切られた」

自衛隊員は、三島を野次りはじめた。

「やめろ、やめろ」

「バカ野郎」

「チンピラ！」

野次を聞いて、三島は怒った。

「静聴せよ、静聴せよ。聞かんか。われわれは、自衛隊にこそ真の日本の魂があると信じてきたのだ」

「何をほざく」

「降りてこい」

だが、三島は負けなかった。

「日本は精神的支柱を失った。だから、お前らにはわからんのだ。日本がわからんのだ。自衛隊こそ、それを正さなければならない」

しかし、隊員たちの野次は、おさまる気配がなかった。

「聞け。静かに聞け」

「バカ野郎」

「静聴せよと言っているのがわからんのか」

「英雄気取りするな」

「よく聞け。去年の十月二十一日に何が起こった？　総理訪米反対の大デモだ。あの日、新宿で……　警察が鎮圧したのだ。警察がやった。あの日以来、これから先もずっと、憲法を改正する機会は失われてしまったんだ」

「それがどうした！」

「自民党の政治家は、警察力を使えば鎮圧できると自信をもった。警察で十分なのだ。これがわかるか」

「そんなら警察を呼べ」

「いいか、政府は自衛隊に治安出動を求めなかった。自衛隊は一歩たりとも動かなかった。

憲法改正は、その必要がなくなったのだ。改正のチャンスは失われた。これがわかるか」

「わからん。わからん」

「寝言を言うな！」

「よく聞け。去年の十月二十一日以来、お前たちは護憲の軍隊になったのだ。自衛隊は、憲法を守ることになった。自衛隊の存在を否定している憲法をだ。もはや改正のチャンスはない。涙を浮かべつつ待った機会は、去ってしまったのだ。もう手遅れだ」

「どこが悪いんだ！」

三島は腕の時計を見た。まだ五分も話していない。

「これがわからんのか。去年の十月二十一日だ。われわれは、お前たちが決起するのを待った。自衛隊が目覚めるのを待った。もはや憲法改正のチャンスはない。自衛隊は永遠に国軍になれないんだ。支柱もなく。存立の根拠もなくなった。なぜ自衛隊は決起しなければならないか！」

「降りてこい。チンピラ」

「お前たちが日本を守るのだ。日本を守る。日本……日本の伝統と歴史と文化を。天皇を……」

隊員たちの野次と嘲笑は、ますますはげしくなった。

「聞け。聞け。静かに聞け。男が、生命を賭けて訴えているのだ。これがわからんのか。自衛隊が……自衛隊がわれわれとともに決起しなければ、いつまでたっても憲法は改正されない。お前たちはアメリカの……アメリカの傭兵になるんだぞ」

「バカ野郎」

「やめろ、やめろ」

「引きずり降ろせ！」

三島の声は、もうほとんど聞き取れなかった。

「われわれは待った。四年間待った。自衛隊が起つのを四年間、熱烈に待った」

ヘリコプターが入れかわり立ちかわり、接近してくる。

「お前たちは武士か。それでも男か。男なら、なぜ憲法を守る？　自衛隊を否定する憲法を、なぜお前たちは守るのか」

下品な野次は、ますます高くなった。

「お前たちに将来はない。もはや救われる道はない。憲法はいつまでたっても改正されない。自衛隊には未来はないんだ。お前たちは違憲だ。自衛隊は違憲なんだ。お前たち全員が、憲法に違反しているのだ」

賛成の声は、どこからも聞こえなかった。

「この皮肉がわからんのか。この皮肉が……お前たちは護憲の軍隊になった。自衛隊を否定する憲法を、自衛隊が守るのだ。なぜ目覚めない。なぜ日本をこんな状態にしておくのか」

「偉そうなことを言うんなら、なぜ、われわれの同志を傷つけたんだ」

「抵抗したからだ」三島は間髪を入れず、やり返した。

「偉そうなことを言うな！」

「お前たちの中に、俺について来る奴は一人もいないのか」

「バカ野郎」

「お前なんかと起つものか」

「気違い！」

「よーし、だれも憲法改正のために決起しないんだな」

「そういうお前は男か」

「よく言った。お前たちは武士道を知っているだろう。剣の道が日本人にとって何を意味するか、知っているだろう。俺のほうこそ聞こう。お前たちはそれでも男か。武士か！」

三島の声は、ようやく静かになった。

「よし、お前たちは男ではない。決起しない。何もしないんだな。憲法がどうであろうとかまわない。どうでもいいんだな。俺は自衛隊に幻滅した」

「下りてこい」

「あいつを引きずり下ろせ」

「バカ野郎」

野次は最高潮になったが、自衛隊員の大多数は無言でバルコニー上の三島を見上げている。

「諸君は憲法改正のために起ち上がらないという見通しがついた。それでは、ここで天皇陛下万歳を三唱して演説を終わる。天皇陛下万歳。天皇陛下万歳。天皇陛下万歳！」

三島の背後に立って、下からは頭だけしか見えない森田必勝も、万歳を唱和し、両手を高く三度挙げた。

「チンピラ」

「撃ち落とせ！」

野次は最後まで続いた。

三島は胸壁から降り、森田を従えて総監室にとって返した。かがんで窓から室内に入り、ヘリの上から狙うテレビのカメラの視野から消えた。森田があとに続き、窓が閉じられた。

私は三島から直接「『楯の会』をつくろうと思ったのは、『英霊の声』を書いてからだ」と、そう言われた。現人神であられる天皇を中心とする国体、そしてその国体を守るのが「皇軍」としての軍隊である。

三島は、多くのことを語らなかった。多くを語るよりも、命を捨てるという実際の行動で、命より大切なものの存在を訴えた。希代の文章力を持つ三島が、言葉ではなく、その命そのものを捨てることで表現した。いや、そうすることでしか、表現できなかった。

いま私が、自らの著述を音読することで再現した三島の自決だが、彼が訴えた憲法改正はいまに至っても実現していない。日本は、未だに占領下に置かれているようだし、日本は真に主権を回復しているとは言えない。アメリカの一部か、保護領のようにも見える。

三島由紀夫を動かした『英霊の声』

三島は、作家だった。シナリオを書くのが上手《うま》かった。三島の自決も現実だったが、小説のようでもあった。

私には、自決の一カ月前に、「この世の終わりのような気がする」と、手紙が届いた。「市ヶ谷」でのことの予告だった。ドナルド・キーンなど三名には、当日「市ヶ谷」に来るように連絡をしていた。すべて筋書きを作っていた。

しかし、私は三島を背後で動かしたものがあったとそう思う。それは、『英霊の声』だった。この日本という『神州』の不滅を期して散華していった英霊たちの、その魂が三島を動かしていた。

三島は、大正十四年生まれで、戦争には往かなかった。しかし、先輩たちは、大東亜戦争を戦い、散華していった。『後に続くを信ず！』と、そう言い残して。

三島は、その『英霊の声』に応えたのだと思う。ある時から、三島は命を賭して憲法改正を訴えるつもりのない政治家たちに反発するようになった。三島に、英霊の魂が感応してきたのだ。そして、霊界に逝った三島の魂が、今度は、私に感応してきた。それは、あの時はじまったのかもしれない。『三島由紀夫　生と死』で、「市ヶ谷」の場面を書き始めた時に。

三島は生前、「なんで黒船なんていうところに泊まっているのだ」と、そう私を詰問した。なぜ、三島が、そう私を問い質したのか。いま、わかった気がする。黒船は、三島にとって、『マニフェスト・デスティニー』を象徴していた。ついに、その前線の司令官が、浦賀にやってきた。そして、様々な歴史の局面を経て、ついに天皇陛下の開戦の詔で、大東亜戦争を日本は戦った。日本が戦ったから、アジア諸国が独立できた。

しかし、日本は、アメリカの『マニフェスト・デスティニー』の呪縛の下に置かれてしまった。

三島が「市ヶ谷」を選んだ理由

この『マニフェスト・デスティニー』を暗黙の動機として、日本に冤罪を被せた『東京裁判』が行われたその場所を、三島はあえて自決の場に選んだのだ。

いわゆる「東京裁判史観」を払拭するためだった。『連合国戦勝史観の虚妄』を、打破するためだった。

「そこまで三島由紀夫は考えていなかったのじゃないか。ヘンリーの考えすぎだろう」と、そう私に対して言う人もいるだろう。

だが、私はいま三島の動機はそれほど深かったと、そう確信している。三島は作家だから、いろいろな舞台《ステージ》を仕掛けていたのだ。「市ヶ谷」で、自衛隊の決起を促し、失敗したと論じる人もいる。だが、三島は、その程度のことは、予測していた。むしろ、『高貴なる敗北《ノービリティ・オブ・フェイリア》』ではないが、あえて敗北を演出して、殉教者となることを選んだ。三島の動機は、写真家・細江英公氏の『薔薇刑』が形にしている。もちろん「檄」や演説で訴えたように、表向きは、憲法と自衛隊を問題にした。だが、根本は、日本人の魂を問題にしていたのだ。『マニフェスト・デスティニー』という明白なる神の使命の前に、『神州不滅』を訴えて散華された英霊の声が、三島の魂を揺さぶった。

日本こそが、ほんとうに神の国なのだ。

日本こそが、『八紘一宇』、世界は一家という天皇の『大御心《おおみこころ》』を持って、大東亜戦争を戦った『神州』だったのだ。それにより、世界中の有色民族が、いまのように白人による植民地支配、虐殺と搾取の世界を抜け出すことができたのだ。

私は、三島が、私に数々の著書を書かせたという気がする。もちろん様々な方々との出会いや助力を得られたことで、本ができあがり、十万部を超えるベストセラーも生まれた。

しかし、その背後には、私の魂を動かす三島由紀夫の霊がいると、そう感じる。

この本も、きっと背後にいる三島の霊が、書かせているのではなかろうか。

その意味で、三島はいまも生きている。

おわりに

この本をまとめさせたのは、三島由紀夫だった。いや、三島がこの本を、私に書かせた。あの夜、三島は私に詰問した。伊豆の下田で三島と晩餐を楽しんだ後のことだった。

三島は、なぜ、黒船を忌み嫌ったのか。あの日から、その問いは私の心の中で、響いていた。

三島が市ヶ谷で自決した。そのことを本に書こうとした時に、私は不思議な体験をした。まるで、私と別な何者かが、私に代わって本を書いているかのような体験だった。

十年近く前から、私は「黒船」をテーマに本を書こうと試みてきた。しかし、外国特派員協会の一室で原稿を書いていると、そこに三島が現れ、いろいろと訴えてくる。そのためというわけではないが、まだ「黒船」は、完成していない。

しかし本書は、その一〇年がかりの「黒船」の探求の、ひとつの全体像を期せずして描く作業となった。

三島は、自衛隊の市ヶ谷駐屯地で自決した。憲法改正を訴え、自衛隊をアメリカの「傭兵」でなく名誉ある天皇の軍隊とすることを、命と引き換えに訴えた。そこは、東京裁判が行われた場所でもあった。それは、偶然だったのか。

三島は、稀代の小説家だった。自分の自決すら一編の小説のように、手の込んだシナリオを描いた。三島はあえて市ヶ谷を、東京裁判の法廷の場所を、「散華」の地に選んだのだった。占領の呪縛を解かんと「自爆攻撃」した。三島が守ろうとしたのは、日本の「国体」だった。「三種の神器」だった。「建軍の本義」だった。君民一体・天皇国の日本だった。

ここ数年、私は多くの著書を出版した。一〇万部を超えるベストセラーとなった『英国人記者が見た連合国戦勝史観の虚妄』など一連の著作の背後に、私は三島からの霊言があったと思う。

いまも、三島由紀夫は生きている。まるで小説のような「市ヶ谷事件」を起こして自決したが、その魂はいまも息づいて、二十一世紀の日本に留まっている。その思いを受け止めて、私は本書をまとめた。これは、下田の夜の三島の「黒船」に対する思いを、半世紀近くの時を経て、私なりに感じ取った集大成と言ってもいい。

日本は、大東亜戦争の開戦まで、ずっと平和を望んできた。その日本に脅威を与えたのが、白人キリスト教徒の侵略だった。『マニフェスト・デスティニー（明白なる使命）』を掲げ、有色人種を大虐殺してきた。その脅威を現実に目にした時に、日本は鎖国政策をとった。国防のためだった。日清戦争、日露戦争、満洲事変、支那事変も全て、日本の権益や居留民、また日本そのものを守るためだった。大東亜戦争も同様だった。仕掛けたのはアメリカ。日本は追い詰められて、自衛のために戦争をするしか方途がなかった。「座して死を待つ」ことはできなかったのだ。

日本が大東亜戦争でアジア諸国に進攻すると、アジアの民は歓喜した。数百年にわたって欧米列強の軍隊に虐殺され、植民地支配されてきた。その白魔を駆逐したのが皇軍だった。アジア諸民族は、皇軍に協力して、民族自決、独立のために戦った。

日本軍が残虐行為を行ったとか、大虐殺をしたとか、婦女子を凌辱したなど、でたらめである。皇軍は、天皇の名誉を犯すことがないように、国際法を遵守して戦った。国際法をまったく無視して大虐殺を実行したのは、アメリカだ。戦争犯罪を問題にするなら、犯罪国家はアメリカであって日本ではない。

アメリカの戦闘に於ける国際法違反をさらにドラマチックな芝居にしたのが、東京裁判だった。東京裁判が不当なものだったことは、東京裁判の判事も、当時のアメリカの政治、軍事の指導者から世界の知識人までが認めている。東京裁判そのものが、国際法違反の復讐でしかなかった。

しかし、占領軍がWGIP（ウォー・ギルト・インフォメーション・プログラム）によって、日本が戦争犯罪国家であると、日本人を洗脳した。さらに、メディアに一切の批判をさせないように、戦前よりはるかに厳しい言論統制を行った。こうした占領政策によって、日本のメディアも国民も、まるで日本が戦争犯罪をしたかのように、思い込まされている。真実は正反対だ。世界を侵略してきたのは欧米列強で、世界中で大虐殺を実行してきた。いわば、「最後の砦」として残されていたのが日本だった。日本が自衛戦に打って出たのは、国際法に照らしてもまったく正当な行為である。

戦後七十年を過ぎた。日本の最大の問題は、日本人がアメリカによる洗脳を自覚することができないことだ。「日本は戦争犯罪をした」とか、「侵略戦争を起こした犯罪国家だ」などというまったくの虚偽を、真実であると思い込んでいる。

日本人は、この無明から覚醒せねばならない。日本人は立派な民族である。日本は、戦争犯罪国家などではない。その誇りを取り戻し、いわれなき日本人の父祖に対する名誉毀損を打破することだ。

三島由紀夫は、それを魂から訴えようとして、東京裁判が行われたその場所で、自決をしたのだ。いま私は、そのことを三島からの霊言によって、まざまざと知ることになった。

本書は、それを日本国民に訴えるためにまとめたものである。令和二年十一月二十五日は、あの「市ヶ谷事件」からちょうど半世紀。この節目に、本書の普及版が刊行される意義を読者と共にかみしめたい。

最後に、本書を出版する情熱を私にくださったハート出版の日高裕明社長と、さらに熱い思いで編集の労を担ってくださった西山世司彦氏に、心からの感謝を表明したい。

本書が多くの日本の方々に読まれ、三島由紀夫の命を賭した誓願が成就する日が一日でも早く到来することを、祈ってやまない。

ヘンリー・スコット＝ストークス

◆著者◆
ヘンリー・S・ストークス（Henry Scott Stokes）
ジャーナリスト。1938年英国生まれ。
1961年オックスフォード大学修士課程修了後、フィナンシャル・タイムズ入社。1964年来日、同年『フィナンシャル・タイムズ』東京支局長、1967年『ザ・タイムズ』東京支局長、1978年『ニューヨーク・タイムズ』東京支局長を歴任。三島由紀夫と最も親しかった外国人ジャーナリストとして知られる。
著書に『三島由紀夫　生と死』（清流出版）『なぜアメリカは対日戦争を仕掛けたのか』『英国人記者が見た世界に比類なき日本文化』（加瀬英明氏との共著/祥伝社新書）『英国人記者が見た連合国戦勝史観の虚妄』（祥伝社新書）『大東亜戦争は日本が勝った』『日本大逆転』（ともに弊社刊）『英国人記者が見抜いた戦後史の正体』『新聞の大罪』（ともにSB新書）などがある。

◆訳者◆
藤田 裕行（ふじた ひろゆき）

ジャーナリスト。1961年東京生まれ。

日本外国特派員協会プロフェッショナル・アソシエイト。元『国民新聞』論説委員。

上智大学外国語学部比較文化学科中退。

ＴＶ・ラジオなどで、海外情報の取材通訳、字幕翻訳、放送作家を担当。

日本武道館での「憲法改正」一万人集会では、安倍首相、櫻井よしこ氏、百田尚樹氏の英語同時通訳を担ったほか、国連ＩＴＵ、米国国防総省、ＣＩＡ幹部の通訳も務めた。

著書に『国体の危機』（アイバス出版）、訳書に『情報立国』（ＮＴＴ出版）、『ギングリッチ』（総合法令出版）、『人種戦争　レイス・ウォー』（祥伝社）などがある。ヘンリー・ストークス氏の訳書を次々出版。『英国人記者が見た連合国戦勝史観の虚妄』は、５か月で１０万部を突破する大ベストセラーとなって注目を集めた。現在はフリーランスのジャーナリストとして、英語で取材活動をしている。


［普及版］戦争犯罪国はアメリカだった！

英国人ジャーナリストが明かす東京裁判の虚妄

令和２年 11月 25日　第１刷発行

著　者　ヘンリー・S・ストークス
訳　者　藤田裕行
発行者　日高裕明
発　行　株式会社ハート出版

〒171-0014 東京都豊島区池袋 3-9-23
TEL.03(3590)6077　FAX.03(3590)6078
ハート出版ホームページ　http://www.810.co.jp

定価はカバーに表示してあります。

ISBN978-4-8024-0108-1　C0021

印刷・中央精版印刷株式会社